Le monde après le 11 septembre
et la guerre en Irak

Du même auteur

Missions à Bagdad, Seuil, 1991.
Au cœur du pouvoir, Éd. des Syrthes, 2002.

Evgueni PRIMAKOV

Le monde après le 11 septembre et la guerre en Irak

Traduit du russe par
Anne Coldefy-Faucard

PRESSES
DE LA
RENAISSANCE

Ouvrage réalisé
sous la direction éditoriale de Victor LOUPAN

Si vous souhaitez être tenu(e)
au courant de nos publications,
envoyez vos nom et adresse, en citant ce livre,
aux Éditions des Presses de la Renaissance,
12, avenue d'Italie, 75013 Paris.
Et, pour le Canada,
à VUP Services Canada inc.,
1050, bd René-Lévesque Est,
Bureau 100,
H2L 2L6 Montréal, Québec

Consultez notre site Internet .
www.presses-renaissance.fr

ISBN 2.85616.990.2

11 septembre 2001. Un spectacle effroyable : CNN montre en direct l'avion qui vient s'encastrer dans une des tours jumelles de Manhattan. Ces images sont aussitôt diffusées dans le monde entier. Tout va si vite qu'on n'a pas le temps de comprendre et je ne suis sans doute pas le seul à penser, dans l'instant, qu'il s'agit d'une effroyable catastrophe aérienne. Jusqu'au moment, tout proche, où le commentateur hurle, effaré : « Regardez ! Un deuxième avion fonce sur l'autre tour ! » Et l'incendie se déclare, embrasant la façade, une des tours s'affaisse sous nos yeux, l'autre se désintègre. À l'intérieur se trouvaient des milliers de personnes dont la plupart ont péri.

Simultanément, un avion percute le Pentagone à Washington. Un quatrième avion détourné par les terroristes n'atteint pas son objectif, le Capitole ou la Maison Blanche.

C'est l'acte terroriste le plus grandiose de l'Histoire. Très naturellement, il suscite immédiatement chez nombre d'entre nous, pour ne pas dire chez la plupart des hommes de raison, des sentiments de tristesse et de compassion envers les Américains victimes de ces horreurs. De la colère, aussi, à l'égard des terroristes qui apparaissent comme des monstres. Mais une fois passé le choc émotionnel, vient le temps de la réflexion.

Une réflexion d'autant plus nécessaire que les événements du 11 septembre ont commencé à se « multiplier ». Le drame de Bali qui a coûté la vie à deux cents personnes porte la même signature. La prise de plus de sept cents otages à Moscou, le 25 octobre 2002, est un maillon de la même chaîne. À Moscou, le pire – l'anéantissement des otages, prévu par les terroristes – a pu être évité. Mais plus d'une centaine de personnes ont tout de même perdu la vie...

UN MONSTRE
SUR LA SCÈNE INTERNATIONALE

De l'assassinat des monarques à la terreur de masse

L'histoire de la terreur est déjà assez longue et elle a connu certaines évolutions. Nombre de commentateurs assimilent au terrorisme le moindre acte de violence, ce qui est une erreur. Pour parvenir à ses fins, essentiellement politiques, la terreur use de méthodes spécifiques telles que l'assassinat de chefs d'État ou les massacres de civils.

Il n'entre pas dans mon propos de faire un historique du terrorisme dont les premières manifestations remontent presque à l'Antiquité. Je me contenterai d'évoquer l'évolution de la terreur aux XIXe et XXe siècles, ce qui devrait permettre de mieux comprendre le terrorisme international auquel le monde s'est trouvé confronté, sous sa forme la plus radicale, le 11 septembre 2001.

Au XIXe siècle et au début du XXe, l'essor de la terreur est lié à l'anarchisme et au nationalisme. Les cibles des terroristes sont, en règle générale, des représentants du pouvoir. Vera Zassoulitch tire sur le gouverneur de Saint-Pétersbourg, Trepov ; Jeliabov et Sophie Perovskaïa forment un groupe qui assassinera le tsar Alexandre II ; Kaliaïev lance une bombe sur le carrosse du grand-duc Serge Alexandrovitch qui incarne le pouvoir à Moscou. En 1914, la Première Guerre mondiale est déclenchée par l'assassinat, à Sarajevo, de l'archiduc François-Ferdinand. En 1934, le roi Alexandre de Yougoslavie et le ministre français des Affaires étrangères Louis Barthou sont tués à Marseille.

Les assassinats d'hommes d'État se poursuivent dans la seconde moitié du XXe siècle. En 1963, des inconnus tirent sur le président américain John Kennedy ; en 1973, les séparatistes basques font sauter le général Carrero Blanco ; en 1979, ce sont les Irlandais qui assassinent Lord Mountbatten ; en 1981, des islamistes tuent le président égyptien Sadate ; en 1984, le Premier ministre indien Indira Gandhi est la victime des séparatistes sikhs ; en 1995, des extrémistes juifs assassinent le Premier ministre israélien Rabin.

Parallèlement, les terroristes déplacent leur action sur les populations civiles. L'exemple le plus classique en est sans doute l'utilisation de gaz sarin par la secte Aum dans le métro de Tokyo.

La terreur élargit son rayon d'action, en se cantonnant néanmoins, un temps, dans les limites d'un pays. Certes, les séparatistes basques ou les « Frères musulmans » en Égypte sont en contact avec des organisations similaires à l'étranger, mais ils agissent pour l'essentiel « chez eux ». La secte Aum elle-même, qui a des ramifications dans une série de pays, réserve ses opérations au seul Japon.

À la fin du XXe siècle, les terroristes tchétchènes se font bruyamment entendre. La terreur dirigée contre les populations de villes centrales et méridionales de Russie – Moscou, Saint-Pétersbourg, Boudennovsk, Tcherkassk, Pervomaïsk, Armavir, Vladicaucase, Mineralnyïé Vody et d'autres – coûte la vie à des centaines de paisibles citoyens et, parmi eux, des femmes, des enfants, des vieillards. Dès que la situation commence – péniblement – à se stabiliser en Tchétchénie, les terroristes ajoutent à la liste de leurs actions, hors des limites de la petite république, des actes criminels contre ceux de leurs congénères qui œuvrent ouvertement aux côtés des troupes fédérales.

Les séparatistes tchétchènes ont des ramifications avec des organisations terroristes étrangères. Ils illustrent parfaitement une caractéristique du terrorisme actuel : le passage d'un pays à un autre par le biais des réseaux terroristes internationaux. De nombreux commandants tchétchènes ont en effet été formés dans les camps d'entraînement afghans, des « volontaires » arabes prennent part à des actions terroristes en Russie, les combattants tchétchènes ont eu – et ont toujours – à voir avec l'organisation de Ben Laden, Al Qaïda.

Dans la seconde moitié du XXe siècle, la terreur a deux particularités. D'une part, elle entre dans l'arsenal de mouvements principalement séparatistes, politiques ou religieux extrémistes, et est largement utilisée par les extrémistes de gauche : ainsi les « Brigades rouges » y ont-elles recours pour abattre le capitalisme. D'autre part, elle s'étend hors des limites nationales, elle fait son entrée sur la scène mondiale.

La situation est d'autant moins à prendre à la légère que dans ses ramifications internationales le terrorisme se greffe sur certains États et structures étatiques. L'exemple type est en l'occurrence celui de l'Iran : les ayatollahs, dès leur arrivée au pouvoir, lancent le mot d'ordre de la « révolution islamique » qu'ils entreprennent activement d'exporter et d'imposer par la violence.

Quand le terrorisme prend son autonomie

Cette variante du terrorisme international commence toutefois, à la fin du XXe siècle, à se détacher des structures étatiques. Certains groupes terroristes continuent de bénéficier du soutien de quelques États, mais celui-ci va s'affaiblissant. Cela tient pour beaucoup à la politique des pays qui « mènent le jeu » sur la scène mondiale dans l'après « guerre froide », en premier lieu la Russie, l'Europe et les USA. Les méthodes employées par les dirigeants de ces pays consistent non seulement à exercer des pressions sur les États qui soutiennent les organisations terroristes, mais encore à leur faire miroiter « la lumière au bout du tunnel ». Les États-Unis ont principalement opté pour la première solution, avec sanctions à la clef, quand ce n'est pas le recours à la force militaire. La Russie a choisi pour sa part une approche plus nuancée, qui met surtout l'accent sur les mesures politiques. Tel est aussi le cas de nombreux pays membres de l'Union européenne.

Tous ont joué un rôle non négligeable, et pour tout dire décisif dans le retournement de la Libye qui a cessé d'apporter au terrorisme un appui à la fois financier et logistique (entraînement sur son territoire, par exemple).

En tant que directeur du Contre-espionnage russe (SVR) et en vue de faciliter ce revirement de la politique libyenne, j'ai fait pour ma part tout spécialement, à la demande des autorités de mon pays, le voyage de Tripoli où j'ai eu des entretiens très fructueux avec les dirigeants. Je n'ignore pas non plus combien l'action de mes collègues européens dans ce domaine s'est révélée efficace. C'est ainsi qu'au milieu et dans la seconde moitié des années quatre-vingt-dix, Mouammar Kadhafi rompait avec les « Brigades rouges » italiennes et l'IRA, expulsait l'organisation terroriste d'Abou Nidal, mettait un terme à ses relations avec la direction du « Front de Libération de la Palestine » et le « Djihad palestinien ». Des individus soupçonnés d'activités terroristes contre l'Égypte, le Yémen et la Jordanie étaient également sommés de quitter le territoire libyen.

Les États-Unis aidaient de leur côté à conforter la Libye sur ces positions, en acceptant finalement que le procès de deux de ses ressortissants, soupçonnés d'avoir perpétré l'attentat de Lockerbie (1989) – qui avait tué les deux cent soixante-dix passagers et membres d'équipage (dont cent quatre-vingt-neuf Américains) d'un avion de la Pan Am survolant l'Ecosse –, se déroule dans des conditions acceptables pour elle. Le procès eut notamment lieu, non pas aux USA ni en Grande-

Bretagne, comme l'exigeaient d'abord Washington et Londres, mais en Hollande à la fin du mois de janvier 2001. On imagine aisément que cela prédétermina pour une grande part la déclaration faite un an plus tard par la Libye en faveur de l'opération antiterroriste menée par les Américains en Afghanistan, ainsi que la décision de M. Kadhafi de verser des indemnités aux victimes (notamment à leurs familles) de l'action terroriste menée par des ressortissants libyens.

Dans les années quatre-vingt-dix, des changements positifs ont également lieu en Iran. Les sympathies des Iraniens commencent à basculer du centre religieux de Kouma vers le chef spirituel Khatami, connu pour sa modération, ses appels à ne plus soutenir les manifestations extrémistes dans la société, dans la vie religieuse et en politique étrangère, sa volonté d'engager des réformes et de garantir la liberté de la presse. De façon très frappante, ces changements surviennent lors des deux élections présidentielles largement remportées par Khatami en 1997 et 2001, ainsi qu'aux élections législatives de 2000 qui portent à l'assemblée une majorité de réformateurs.

Ces revirements internes expliquent pour l'essentiel que l'Iran ait à peu près renoncé à exporter la révolution islamique ou, en d'autres termes, à propager par la violence le modèle religieux fondant la société et l'État iraniens.

La Russie et les pays européens ont également apporté leur pierre à l'édifice, en mettant fin à l'isolement de l'Iran et en favorisant par là même les changements en cours.

L'attitude des États-Unis a évolué dans la dernière période de l'administration Clinton, comme j'ai eu l'occasion de le constater au cours de mes innombrables entretiens sur la question avec la secrétaire d'État Madeleine Albright. En mars 2000, cette dernière soulignait publiquement l'importance des nouvelles relations entre les USA et la République islamique d'Iran, et invitait à un dialogue ouvert entre les deux pays, sans aucune condition préalable. Le fait était d'autant plus significatif qu'à ce moment-là, les alliés européens des USA en étaient déjà au stade d'un « dialogue critique » actif avec l'Iran.

L'appel de M. Albright ne fut toutefois pas repris par l'administration Bush, alors que les changements se poursuivaient à l'intérieur de l'Iran, malgré les difficultés. C'est ainsi que, d'emblée – et bien peu y ont prêté attention – l'Iran a soutenu l'opération américaine en Afghanistan et favorisé la victoire militaire des USA dans les régions de ce pays où s'exerçait traditionnellement son influence.

En dépit de ces tendances encourageantes, les Américains renforçaient leurs critiques à l'égard de l'Iran. Bien plus, l'administration Bush citait l'Iran parmi les cibles potentielles d'une opération antiterroriste américaine, après l'Afghanistan. Ces déclarations ne pouvaient être que contre-productives et l'on ne tarda pas à constater en Iran une tendance au rapprochement des modérés et des traditionalistes radicaux. Dans le même temps, en réponse aux opérations militaires effectuées par les Israéliens sur le territoire palestinien, on vit se multiplier les attaques du Hezbollah, soutenu par Téhéran, contre le nord de la Galilée, depuis le Liban.

Malgré les hésitations dans la politique des différents pays, le fait majeur constaté à la charnière des XXe et XXIe siècles est sans conteste l'affaiblissement des liens entre les groupes terroristes et les structures étatiques.

Les événements du 11 septembre ont en outre apporté la preuve tangible qu'une nouvelle forme de terrorisme international, la plus dangereuse qui soit, avait fait son apparition : un système autosuffisant, qui, sans être lié à aucun État, anéantit des milliers de vies innocentes. Ce système a démontré qu'il faudrait désormais compter avec lui sur la scène mondiale.

Jusqu'à une date récente, la situation internationale était déterminée par les alliances et les guerres entre États, leur coopération ou leur confrontation. En d'autres termes, elle était le résultat des relations qu'ils entretenaient, des alliances qui se faisaient et se défaisaient. Mais il s'agissait d'*États* ayant une existence légale et qui, à ce titre, avaient des rapports au niveau international. Aujourd'hui, la situation n'est plus tout à fait la même.

Si l'organisation responsable des événements du 11 septembre était liée à un quelconque État du Moyen et du Proche-Orient, d'Afrique ou d'Asie du Sud-Est, il est clair que la chose serait connue du contre-espionnage d'au moins un des principaux pays du monde : la Russie, les États-Unis, la Grande-Bretagne, l'Allemagne, la France, la Chine, l'Inde… On a quelque peine à imaginer un pays où les sphères gouvernementales seraient complètement à l'abri des Services de renseignements étrangers et où ceux-ci ne disposeraient d'aucune source d'information. Pour ma part, je l'exclus totalement, toute mon expérience à la tête du Contre-espionnage russe m'indique que n'importe quel Service de renseignements aurait forcément informé les Américains de ce qui se tramait contre eux.

Rappelons, en outre, que la préparation de ces actes de terrorisme s'est effectuée sur une longue période. Selon l'adjoint du chef de la mission diplomatique américaine à Kaboul, D. Sidney, les terroristes « ont commencé leur concentration aux USA deux ans avant de passer à l'action ». Il leur a fallu trouver des moyens financiers. Les futurs kamikazes ont dû apprendre à piloter des avions de ligne et l'on sait que tout le monde n'est pas capable d'aller au bout d'une formation de ce genre, ni n'est forcément autorisé à la suivre. Pour couronner le tout, il fallait doter tous les acteurs de papiers d'identité au-dessus de tout soupçon, tâche des plus spécifiques et minutieuses. D'ordinaire, les détenteurs de ce genre de papiers ne cessent de changer de pays.

La mise au point et la réalisation de l'opération impliquaient la participation de nombreuses personnes : il fallait avoir ses entrées sur de nombreux aérodromes américains, franchir les barrages de contrôle avant le décollage, détourner simultanément au moins quatre avions de ligne avec leurs passagers (il n'est pas à exclure que le plan en prévoyait plus), sortir du champ de contrôle des radars et frapper, là encore simultanément, les cibles désignées à l'avance.

Or, tout cela s'est effectué pratiquement sans aucune fuite. Force est d'en conclure que l'affaire a été menée par une organisation très puissante, assez nombreuse, jouissant d'importants moyens financiers et agissant en toute autonomie.

Le FBI et l'ensemble des Services de renseignements américains enquêtent aujourd'hui sur les membres présumés de cette organisation dirigée, ainsi qu'ils l'ont établi, par Oussama Ben Laden, millionnaire d'origine saoudienne qui, au temps des Talibans, vivait en Afghanistan. Tout porte à croire que les Américains finiront par rendre publiques les données recueillies suite aux interrogatoires de certains membres d'Al Qaïda, la bande de Ben Laden, arrêtés en Afghanistan, transférés et mis à l'isolement à la base militaire US de Guantanamo, en territoire cubain. J'espère quant à moi que ces informations ne seront pas utilisées artificiellement contre un État mis au ban de la communauté internationale et qu'elles confirmeront la pleine autonomie de l'organisation criminelle.

Pour en revenir aux Services de renseignements, ils ont dû, suite aux événements du 11 septembre, faire face à une avalanche de critiques. La chose est particulièrement vraie pour les Services américains. Cela me paraît une erreur. En effet, infiltrer une organisation autonome et caractérisée par une discipline de fer telle qu'Al Qaïda est une tâche des plus ardues.

Il n'en demeure pas moins que les Services américains disposaient indubitablement d'informations sur l'existence et les activités de Ben Laden et de son organisation. Intervenant devant le Sénat américain, le 2 février 1999, le directeur de la CIA, G. Tenet, déclarait : « Il n'est pas douteux qu'Oussama Ben Laden, ses alliés en divers points du monde et ses sympathisants préparent de nouvelles attaques contre nous... L'organisation de Ben Laden a des liens littéralement dans le monde entier, y compris aux Etats-Unis ; lui-même a annoncé sans ambiguïté, à plusieurs reprises, qu'il prenait pour cible tous les Américains. » Il va de soi que, disposant de telles informations, la CIA et le FBI devaient concentrer leur action sur l'organisation de Ben Laden.

Au demeurant, on ne peut imaginer qu'il en ait été autrement. La presse américaine indiquait, et ses dires étaient confirmés par la conseillère du président pour les questions de Sécurité, Condoleeza Rice, qu'un mois avant la tragédie, le 6 août, le président Bush avait pris connaissance d'un rapport de la CIA évoquant la préparation, par les hommes de Ben Laden, d'actes de terrorisme aux États-Unis, pour la mise en œuvre desquels on recourrait à des avions. Mais le rapport ne recelait pas d'éléments concrets, de sorte qu'on ne lui accorda pas toute l'attention nécessaire. Furieux d'être accusés d'incompétence, les Services américains organisèrent manifestement d'autres fuites dans la presse : dès le mois de juillet 2001, un agent du FBI en Arizona avait indiqué que les écoles de pilotage des USA pouvaient être utilisées pour la formation des terroristes, et cette information secrète avait également été communiquée aux dirigeants américains. Là encore, on ne l'avait pas prise en considération.

Je me refuse à croire que, craignant pour leurs sources, la CIA et le FBI aient pu fournir aux dirigeants des informations incomplètes. Simplement, les Services n'avaient sans doute pas de détails sur ce qui se tramait.

Il n'en demeure pas moins que cet exemple doit amener les Services du monde entier à redoubler de vigilance. Le nouveau contexte implique, bien sûr, de renforcer la coopération entre les différents services de contre-espionnage, notamment les échanges d'informations, avec, entre autres, la mise au point d'une banque de données commune sur les organisations terroristes et leurs membres. Cela demeure toutefois insuffisant. La coopération fondée sur *l'intérêt réciproque* – ce qui est le cas de la lutte antiterroriste – doit inclure une étude analytique commune des informations obtenues. Les formes et les méthodes de cette étude restent à trouver. Mais c'est là une des leçons du 11 septembre.

Je dois dire qu'à l'époque où je dirigeais le Contre-espionnage de Russie, nous sommes parvenus, certes difficilement, à harmoniser les relations avec les services correspondants des pays de l'OTAN[1], ce qui eût été impensable au temps de la « guerre froide ». Dans la première moitié des années quatre-vingt-dix, les contacts ont été très bénéfiques pour tous. Mais nous

1. Pour plus de détails, voir mon ouvrage *Gody v bolchoï politike (Des années dans la grande politique)*, Moscou, « Soverchenno sekretno », 2000. Pour la version française, conf. *Au cœur du pouvoir*, Éd. des Syrthes, 2002.

franchissons aujourd'hui un nouveau cap. Dans des domaines aussi universellement sensibles que le terrorisme, il convient d'aller jusqu'à envisager des opérations communes. Il est évident que les Services de renseignements sont loin d'être tous prêts à « griller » leurs sources. Cela ne doit empêcher, néanmoins, ni la création de la banque de données évoquée ci-dessus, ni les analyses conjointes, notamment concernant les informations « sensibles », ni, en cas de nécessité, la réalisation d'opérations communes ou synchronisées.

Rien de cela, au demeurant, ne met en danger l'existence de Services nationaux poursuivant leur tâche dans l'intérêt de chaque État, mais en renonçant, par un accord mutuel, à user de méthodes inacceptables dans le contexte actuel.

L'histoire de Ben Laden

L'histoire du réseau terroriste et la biographie de son fondateur, Ben Laden, sont liées pour une grande part à divers processus et tendances typiques de la seconde moitié du XXe siècle. Le sursaut de conscience général des masses musulmanes, qui a suivi la décolonisation, a bien souvent pris la forme d'un islamisme militant radical. La « guerre froide », avec l'affrontement de deux camps opposés, a conduit chacun d'eux à tenter, quels que soient les moyens pour y parvenir, d'attirer de son côté le plus grand nombre possible de mouvements et organisations de tout poil. L'entrée des troupes soviétiques en Afghanistan aura permis aux États-Unis de se rapprocher des groupes musulmans les plus réactionnaires, qui sont nés et se sont lancés dans l'action avec le concours direct des Américains.

Cependant, après la fin de la « guerre froide » et le retrait d'Afghanistan du contingent soviétique, la situation change. Les organisations musulmanes radicales réorientent leur combat, voyant désormais dans les

États-Unis leur principal adversaire. Le laps de temps qui sépare la fin de la confrontation et la prise en compte des possibilités réelles, pour les États naguère séparés par la « guerre froide » d'unir leurs efforts et de créer un monde plus juste, permet à l'islamisme militant de monter en puissance. Le choix des islamistes de mettre l'accent sur certains aspects religieux, purement formels et rattachés de très loin à l'histoire et à la nature de l'islam, est caractéristique.

Oussama Ben Laden naît le 28 juin 1957 en Arabie Saoudite. Il est l'un des cinquante (et plus) enfants d'un entrepreneur en bâtiment qui a réussi, après avoir fondé en 1931 la puissante compagnie de travaux publics « Saoudi Ben Laden Group ». La compagnie diversifie peu à peu ses activités, elle se ramifie et se taille une place importante dans l'industrie pétrolière et chimique, la banque, les télécommunications et les communications par satellites. Au début du XXIe siècle, elle compte plus de soixante filiales en Asie, en Europe et aux États-Unis. En janvier 2003, invité au forum économique international de Djedda en Arabie Saoudite, j'ai pu visiter l'état-major de cette compagnie, l'une des plus puissantes et influentes du pays. Nous fûmes chaleureusement reçus, mes collègues et moi, par son président, frère d'Oussama Ben Laden. À ma question de savoir s'il était toujours en rapport avec ce dernier, le président répondit par un « non » catégorique, ajoutant que les meilleures familles avaient leur « brebis galeuse ».

Quoi qu'il en soit, fils unique de la dixième femme de son père, Oussama Ben Laden héritait, à la mort de celui-ci, de deux cent cinquante millions de dollars. En vingt ans, il réussissait pour le moins à doubler sinon tripler la mise, sans parler des bénéfices non négligeables rapportés, selon l'incontournable tradition saoudienne, par les entreprises de construction de la famille. Bref, Oussama Ben Laden avait largement les moyens financiers de créer et de faire tourner son organisation.

Le paradoxe est que cette organisation n'aurait pu être mise sur pied sans l'aide des Services secrets américains.

Il y a tout lieu de croire que les Services américains approchèrent Ben Laden peu après la fin de ses études à l'université Abdel Aziz ibn Séoud de Djedda, alors qu'il était plongé jusqu'au cou dans la lutte contre le contingent soviétique en Afghanistan. Qu'il prît lui-même part à des opérations armées était, en l'occurrence, secondaire. Pour ceux qui visaient l'enlisement de l'Union soviétique en Afghanistan, l'activité déployée par Ben Laden pour créer un *Maktab al-Hadamat* (« Bureau de services ») et ouvrir ensuite, dans différents pays, des bureaux de recrutement afin de compléter les rangs de la guérilla contre l'URSS, était autrement plus précieuse. L'un de ces bureaux de recrutement fut notamment ouvert aux États-Unis. Il envoya en Afghanistan des milliers de mercenaires, organisa des camps d'entraînement sur les territoires afghan et pakistanais. Selon certaines sources, c'est à Ben Laden que revient l'idée d'armer les moudjahidin afghans de *Stinger*. Les USA entreprirent alors d'en livrer à l'Afghanistan pour abattre les avions et hélicoptères soviétiques.

Dans son action contre les troupes soviétiques, Ben Laden collabora étroitement avec la CIA, sous la direction de laquelle fut effectuée l'opération « Cyclone », qui mit à la disposition des combattants afghans un budget pouvant aller jusqu'à cinq cent millions de dollars par an.

Les Services spéciaux US étaient alors guidés par le principe « les ennemis de nos ennemis sont nos amis ». Dans bien des cas, l'URSS adoptait la même devise.

Cependant, les organisations de combat créées à l'étranger pour la confrontation soviéto-américaine, ou simplement soutenues au temps de la « guerre froide », se révélèrent peu fiables. Et, après la fin de la « guerre froide », elles échappèrent à tout contrôle. Il en fut de même avec Al Qaïda, fondée par Ben Laden en 1987. Dans un premier temps, ses activités ne s'étendirent pas au-delà des frontières afghanes. Toutefois, après le retrait des troupes soviétiques la même année, Al Qaïda se mua en organisation anti-américaine. Elle ne compta plus seulement des Arabes, mais des musulmans sunnites de diverses nationalités. En février 1998, Al Qaïda appela l'ensemble des musulmans à tuer en tous lieux les ressortissants américains – militaires et civils – ainsi que leurs alliés.

Ce revirement à cent quatre-vingts degrés n'est pas caractéristique de la seule Al Qaïda. D'autres groupes, figurant aujourd'hui sur la liste des organisations terroristes, n'y échappèrent pas. Prenons, par exemple, le cas du Hamas, naguère créé par le Mossad dans les territoires occupés de la rive ouest du Jourdain pour faire contrepoids à l'Organisation de libération de la

Palestine. Le Hamas ne tarda pas à quitter la tutelle israélienne et à réorienter complètement son action.

Al Qaïda eut bien vite l'expérience des opérations terroristes. La géographie de la terreur s'élargit au Yémen, à la Somalie, aux États-Unis (attentat au World Trade Center). En août 1998, des bombes explosèrent simultanément à l'ambassade américaine de Nairobi au Kenya et à celle de Dar es-Salam en Tanzanie, faisant plus de deux cents morts et près de quatre mille blessés. Ben Laden se félicita ouvertement de ces actions, sans pourtant jamais reconnaître expressément qu'elles étaient le fait d'Al Qaïda. C'est là ce qui les distingue, lui et son organisation, des autres mouvements terroristes qui ne manquent jamais de revendiquer les attentats, comme preuve de leur « toute-puissance ». Manifestement, les moyens financiers dont dispose Al Qaïda, son peu d'intérêt à trouver des financements « extérieurs » expliquent pour une bonne part sa « retenue publicitaire ».

L'autonomie financière d'Al Qaïda est due à un enchaînement de circonstances. On a beaucoup parlé de ses liens avec l'Arabie Saoudite. Et en effet, au temps de la présence soviétique en Afghanistan, Riyad n'était pas étrangère à son action ; mais depuis le retournement de Ben Laden contre les États-Unis, les points de convergence avec le régime saoudien se sont réduits comme peau de chagrin. Bien plus, inquiets d'une possible réaction des USA, les Saoudiens ont expulsé Ben Laden de leur pays (où celui-ci était rentré après le retrait des troupes soviétiques d'Afghanistan), allant même jusqu'à le priver de sa nationalité.

Ben Laden fut ensuite contraint de quitter le Soudan où il avait trouvé refuge, Khartoum ne voulant pas non plus d'ennuis avec les Américains.

De toute évidence, Ben Laden ne put établir des relations de confiance avec l'Irak. Après l'entrée des Irakiens au Koweït, il proposa aux dirigeants saoudiens d'envoyer contre Saddam des milliers de ses combattants, au chômage depuis le départ des troupes soviétiques.

L'Iran ne conclut pas non plus de partenariat avec Ben Laden, ce dernier soutenant les Talibans sunnites contre l'Alliance du Nord chiite. L'Iran, également chiite, avait adopté la position inverse et combattait les Talibans.

Ces derniers furent les seuls contacts permanents de Ben Laden. Mais ils représentèrent plus un mouvement qu'un régime étatique stable. Là encore, les choses n'étaient pas si simples. Ben Laden donna sa fille aînée en mariage au chef des Talibans, le cheikh Omar ; il multiplia les démonstrations publiques de son attachement aux Talibans, ce qui ne l'empêcha pas de demeurer une force autonome, même en vivant jusqu'au début de l'intervention américaine dans sa « forteresse » afghane, un ensemble de grottes et de galeries souterraines creusées au temps de la guerre contre les troupes soviétiques. Les liens de Ben Laden avec les Talibans reposaient sur le trafic de drogue auquel ils se livraient en commun et dans lequel Al Qaïda trouva des compléments financiers non négligeables. Ben Laden aidait les Talibans dans leurs opérations de blanchiment d'argent par le biais, notamment, de la mafia tchétchène. Tout ne fut cependant pas sans nuage. Après 1998, les Services américains multiplièrent les contacts avec les Talibans, en vue de mettre fin au narcobusiness. Or, c'était le moment où Al Qaïda élargissait le sien.

Une déclaration du chef du contre-espionnage taliban, Haksar, montre bien que non seulement Al Qaïda gardait son autonomie, mais qu'elle ne comptait pas que des amis parmi les Talibans[1]. À l'en croire, il aurait même proposé son appui aux Américains pour liquider le chef spirituel des Talibans, le mollah Omar, considérant qu'avec lui « le mouvement était devenu une marionnette entre les mains, d'abord des Services pakistanais, puis de Ben Laden et de son organisation ». Toujours selon Haksar, cette proposition fut faite à Peshawar, à deux diplomates américains, Gregory Matches et Peter McIlwine. Il n'y eut jamais de réponse.

Rappelons, entre parenthèses, que le mouvement islamiste extrémiste des Talibans, qui contrôlait Kaboul et visait à étendre sa domination sur tout le pays, fut créé, là encore, avec l'aide des Américains. Lorsque j'étais ministre des Affaires étrangères, j'eus l'occasion de rencontrer le Premier ministre pakistanais Benazir Bhutto qui ne cachait pas que le mouvement des Talibans avait été créé par le contre-espionnage militaire du Pakistan, grâce au soutien de la CIA. Il n'est donc pas exclu que Haksar ait entretenu des relations de longue date avec les « diplomates » américains.

---

1. *The Guardian*, 11 juin 2002.

Une chose est parfaitement claire : les Talibans avaient offert de leur plein gré l'asile à Ben Laden et à son organisation, avant tout pour des motifs idéologiques : leur attachement commun aux idées de l'islamisme radical.

Al Qaïda n'eut pas à pâtir de son autonomie ; bien au contraire, elle lui permit d'élargir ses zones d'influence. Brandissant l'étendard de l'islamisme militant, Ben Laden se fixa pour objectif la création d'un « État authentiquement islamique, unissant, sur la base de la Charia, tous les musulmans du monde ». À l'en croire, il n'existerait pas différents peuples de confession islamique, mais une seule nation musulmane. Partant de ces « vérités », Ben Laden entreprit de soutenir les extrémistes algériens et égyptiens. Il appuya et finança des groupes terroristes palestiniens.

Certaines informations indiquent que Ben Laden a apporté une aide substantielle aux séparatistes albanais du Kosovo, notamment à l'Armée de libération du Kosovo, anti-serbe, que les Américains eux-mêmes, dans un premier temps, avaient ajoutée à la liste des organisations terroristes pour ensuite, conformément à leurs intérêts géopolitiques, la soutenir. L'aide apportée par Ben Laden s'inscrit dans son projet d'instaurer un État islamique extrémiste en plein cœur de l'Europe, englobant l'Albanie, le Kosovo, le Sandjak, une partie de la Bosnie, de la Macédoine et du Monténégro. Rappelons, car cela a son importance, que les Balkans représentaient aussi un canal important pour le trafic de drogue en provenance d'Afghanistan et à destination de l'Europe de l'Ouest.

La seconde moitié des années quatre-vingt-dix voit la mise en place, en Afghanistan, d'une infrastructure terroriste ramifiée, comprenant des camps d'entraînement et des postes de commandement coordonnant l'action de groupes de combat en Égypte, Algérie, Inde, Arabie Saoudite, au Tadjikistan et ailleurs ; les terroristes se dotent alors de moyens de communication par satellite, d'imprimeries et d'importantes réserves d'armes de la dernière génération. Le spécialiste américain du terrorisme, Yossef Bodansky, écrit : « Aux camps Badr-1 et Badr-2... arrivent, de plus en plus nombreux, des volontaires d'Asie centrale et du Caucase »[2].

Les informations abondent, montrant les liens de Ben Laden et d'Al Qaïda avec les combattants tchétchènes, dont les éléments arabes notamment (mais pas seulement) ont subi un entraînement en Afghanistan. C'est là que, selon certains renseignements, Ben Laden aurait fait la connaissance du Jordanien Khattab, devenu par la suite le chef d'un groupuscule wahhabite terroriste en Tchétchénie. Khattab l'aurait à son tour mis en contact avec le leader des séparatistes tchétchènes Chamil Bassaïev.

---

2. Joseph Bodansky, *Bin Laden, The Man who declared War on America,* Forum, 2001, USA ; cité d'après *Taliby, mejdounarodny terrorizm i tchelovek, obiavivchi voïnu Amerike,* Moscou, « Vetché », 2002, p. 271.

Une terrible perspective

On a donc tout lieu de penser que des organisations parfaitement autonomes ont fait leur apparition sur la scène internationale, recourant à la terreur de masse pour parvenir à leurs fins. Une tient aujourd'hui le haut du pavé, Al Qaïda, mais rien ne nous garantit qu'elle demeurera un phénomène isolé, d'autant que ce type d'organisation évite soigneusement de se faire remarquer, sauf par le nombre de ses victimes, préférant agir en sous-main et terroriser les foules.

Quand les États étaient les uniques acteurs sur la scène internationale, l'évolution des événements était nettement plus prévisible et, surtout, plus facilement contrôlable. L'URSS et les USA – qui, depuis la Seconde Guerre mondiale, dominaient des systèmes idéologiques opposés et disposaient d'un potentiel nucléaire leur permettant de s'anéantir l'un l'autre – se contenaient réciproquement. Les États limitrophes de ces deux superpuissances se trouvaient également sous leur contrôle. Et ceux qui n'entraient pas dans ce système n'en gardaient pas moins une attitude relativement modérée, évitant notamment tout ce qui pouvait faire sortir les conflits du cadre régional. Le terrorisme, alors, ne représentait pas une menace *internationale* aussi aiguë.

Mais aujourd'hui ? Dans le nouveau contexte mondial, comment assurer la sécurité des pays – fussent-ils les plus puissants militairement – et de leurs populations ?

La situation est d'autant plus inquiétante que l'accès à l'arme nucléaire et aux autres armes de destruction massive (chimiques, biologiques, radiologiques) est loin d'être fermé aux organisations terroristes autonomes. Cela vaut pour toute une série d'organisations, celle de Ben Laden n'étant pas, en l'occurrence, un cas isolé. Selon le directeur de la CIA, G. Tenet, « l'organisation de Ben Laden s'inscrit dans la dizaine de groupes terroristes qui manifestent de l'intérêt pour les armes chimiques, bactériologiques, radioactives et nucléaires, quand ils n'en sont pas déjà dotés. Ainsi Ben Laden a-t-il décrété que l'obtention de ce type d'arme était une “cause sacrée”, en ajoutant : “L'usage que nous en ferons ensuite ne regarde que nous”. »

En ce début du XXIe siècle, tout concourt à augmenter les moyens dont dispose la terreur pour s'approprier des armes de destruction massive. Premièrement, le fait que les organisations terroristes se soient démarquées des structures étatiques et fonctionnent de façon indépendante leur laisse une grande marge de manœuvre. Deuxièmement, leur autonomie financière accroît leurs possibilités. Troisièmement, la mondialisation – il faut voir les choses en face – favorise leurs desseins concernant les armes de destruction massive, ne fût-ce que par le libre accès aux réseaux d'informations qui permet de contourner les obstacles en tous genres. Quatrièmement, l'armement évolue vers des types d'armes nucléaires de plus en plus compacts et une plus grande facilité à fabriquer des armes chimiques et bactériologiques, ce qui les rend plus accessibles aux terroristes.

L'organisation de Ben Laden dispose-t-elle actuellement d'armes de destruction massive ? Dans l'acte d'accusation dressé contre Ben Laden par les Américains, il est dit que depuis 1993, Al Qaïda a tenté à maintes reprises de posséder l'arme nucléaire ou certains de ses composants. Au cours de l'opération militaire menée par les États-Unis en Afghanistan, on a découvert dans un des immeubles d'Al Qaïda à Kaboul un schéma de fonctionnement d'ogive nucléaire ainsi que des informations indiquant que deux physiciens nucléaires pakistanais se trouvaient dans le pays sous le règne des Talibans.

Tout porte à croire qu'Al Qaïda a été jusqu'à présent, parmi les mouvements terroristes, le plus près de posséder l'arme radiologique. J. Ashcroft, ministre de la Justice, Procureur général des USA, déclarait qu'Abdallah al-Mouhajir, connu sous le nom de José Padilla, arrêté le 8 mai 2002 à l'aéroport de Chicago, se préparait à faire exploser, sur l'ordre d'Al Qaïda, une « bombe sale ». La cible visée était Washington. Al-Mouhajir s'apprêtait aussi à disséminer des substances toxiques dans de grands hôtels américains[1]. Par ailleurs, dès avril 2002, le secrétaire américain à la Défense, D. Rumsfeld, annonçait qu'Al Qaïda préparait une bombe radiologique. Il fondait ses dires sur l'interrogatoire d'Abou Zoubayda, un compagnon d'armes de Ben Laden fait prisonnier en Afghanistan.

Il apparaît donc que nous ne sommes pas loin de voir des terroristes utiliser tel ou tel autre type d'arme nucléaire. Quant aux actes terroristes visant des sites nucléaires ou les moyens employés pour les transporter, ou encore les centrales atomiques et les usines utilisant l'énergie atomique, ils sont possibles par centaines dans n'importe quel grand pays et leur réussite peut être synonyme d'apocalypse. Au début de 2002, quarante-trois États disposaient déjà de centrales atomiques ou de réacteurs capables de produire des composants nucléaires. Rien ne nous permet de croire que ces sites soient correctement contrôlés et gardés.

Enfin, le terrorisme international devient particulièrement dangereux dans un contexte de prolifération des armes nucléaires, possédées par des pays sans cesse plus nombreux et dont certains se voient en

1. À en croire la presse américaine, Al-Mouhajir est originaire du Honduras. Arrivé aux États-Unis dans les années quatre-vingt-dix, il se consacre à des études de physique et de chimie. Il effectue de nombreux voyages au Pakistan et en Afghanistan où il est en contact avec des représentants d'Al Qaïda, ce qui semble notamment confirmer que l'organisation terroriste dispose de réseaux ramifiés.

outre impliqués dans des conflits régionaux. Rappelons que dès le début des opérations militaires américaines en Afghanistan, on assistait à la naissance, au Pakistan voisin, d'un puissant mouvement en faveur des Talibans. Des centaines de milliers de personnes descendaient dans la rue à Islamabad, à Karachi et dans d'autres villes pakistanaises, exigeant que les « autorités du pays, pro-américaines », soient écartées du pouvoir.

Fait notable, au même moment, les autorités démettaient elles-mêmes de leurs fonctions plusieurs officiers supérieurs qui ne semblaient guère fiables. Pour moi, beaucoup craignaient, non sans raison, que des forces proches des Talibans afghans, entre autres au sein de l'armée pakistanaise, ne veuillent prendre le pouvoir pour accéder à l'arme nucléaire. Ces craintes, en l'occurrence, ne se justifièrent pas. Mais qu'en sera-t-il par la suite ?

En septembre 1996, je pris part, en ma qualité de ministre des Affaires étrangères de Russie, à une session de l'Assemblée générale de l'ONU à New York où je fus reçu par le président Clinton. Évoquant l'importance toute particulière d'une action concertée entre les États-Unis et la Russie, le président, à ma grande surprise je l'avoue, déclara que le problème le plus aigu dans les vingt-cinq ans à venir serait le conflit entre le Pakistan et l'Inde, avec la perspective d'un dérapage vers l'utilisation de l'arme nucléaire. On peut, naturellement, considérer que l'apparition de l'arme nucléaire dans ces deux pays n'entraînera pas forcément son emploi dans le cadre d'un conflit régional ; on est fondé à espérer qu'une politique vigilante des États impliqués dans le conflit et de vastes efforts internationaux permettront d'éviter pareille tragédie. Il en sera toutefois bien autrement si l'arme nucléaire tombe entre les mains d'une organisation terroriste.

Toutes les actions concrètes en vue d'empêcher la prolifération des armes de destruction massive, dans le cadre de la lutte contre le terrorisme international, sont d'une importance capitale. Cependant, malgré toutes les mesures déjà adoptées, dont la principale est sans doute la signature par une majorité d'États du Traité de non-prolifération nucléaire, la communauté mondiale demeure plutôt passive. Que faut-il entreprendre pour empêcher qu'une série de pays, surtout ceux impliqués dans des conflits régionaux, rejoignent « le club nucléaire » ? Certes, la réponse à cette question n'est pas simple. Mais la tragédie du 11 septembre exige qu'on prenne le problème à bras-le-corps.

C'est là aussi, semble-t-il, une des tâches principales de la diplomatie et des Services spéciaux russes, d'autant que les puissances nucléaires « non officielles » et la plupart des États soupçonnés de vouloir le devenir sont situés à proximité du territoire russe.

Si les relations russo-américaines sont entrées dans une nouvelle phase et vont dans le sens d'un accroissement de la confiance mutuelle, il faut cesser d'accuser injustement la Russie de mal contrôler ses armes nucléaires, d'aider d'autres pays à construire des centrales atomiques, soi-disant destinées par la suite à fabriquer l'arme nucléaire À cette rhétorique souvent dictée par des circonstances ayant bien peu à voir avec la volonté de lutter contre la prolifération nucléaire, il convient de substituer une étroite collaboration des États pour vaincre le terrorisme.

Je me souviens qu'au temps où je dirigeais le gouvernement de Russie et, auparavant encore, lorsque j'étais ministre des Affaires étrangères, à chacune de mes rencontres avec S. Talbott, M. Albright ou A. Gore, j'étais littéralement harcelé de questions a propos de la construction par la Russie d'une centrale atomique à Boushehr, en Iran. Chaque fois, on me remettait la même liste d'entreprises et d'institutions russes, soi-disant impliquées dans des livraisons à l'Iran de techniques et technologies permettant de fabriquer l'arme nucléaire. Nous connaissions l'existence de cette liste qui nous avait été remise auparavant par les Israéliens. Rien n'y faisait : ni les éclaircissements que nous apportions, ni le fait que les travaux de Boushehr s'effectuaient sous le scrupuleux contrôle de l'Agence internationale de l'Énergie atomique (AEIA), que nombre des institutions figurant sur la liste ne correspondaient pas aux adresses indiquées, que les réacteurs livrés à l'Iran étaient exactement les mêmes que ceux que les États-Unis s'apprêtaient à fournir à la Corée du Nord et que, pour des raisons strictement géographiques, la Russie n'avait pas intérêt à ce que l'Iran possède l'arme nucléaire

Pareille attitude doit aujourd'hui être définitivement rejetée dans le passé. Il est par ailleurs évident que la Russie doit répondre de toute violation de ses engagements internationaux et que les infractions doivent impérativement être évitées.

Sans se contenter des innombrables documents existant à ce jour – toute une série de Résolutions du Conseil de Sécurité de l'ONU, de conventions, de déclarations, de textes adoptés par l'Assemblée générale des Nations unies et ses commissions spécialisées, par le Conseil de l'Europe, l'Organisation des États américains, la Ligue des Pays arabes, les conférences internationales, les parlements de nombreux pays –, il est, bien sûr, indispensable d'élaborer une Charte de lutte contre le terrorisme.

Éminent spécialiste de droit international, le professeur G.I. Morozov déclarait à juste titre que le terrorisme ne pouvait être considéré comme un crime d'État, se rattachant par nature au droit commun. Il soulignait l'impossibilité de lui appliquer les peines prévues par les lois des États concernés ou la règle qui veut qu'on ne livre pas ses propres ressortissants[2].

Il est essentiel d'inclure tout cela dans la Charte. J'ai le sentiment qu'elle sera signée tôt ou tard. Sans prétendre à en formuler le contenu en détail, ce qui doit faire l'objet de consultations et de pourparlers internationaux, on peut d'ores et déjà lister les mesures qui doivent y être envisagées.

Les États signataires doivent s'engager pleinement à ne pas accueillir sur leur territoire des organisations

2. G.I. Morozov, *Terrorizm – prestuplenie protiv tchelovetchestva* (*Le terrorisme, crime contre l'humanité*), Moscou, 2001, p. 49.

recourant au terrorisme pour atteindre leurs buts, aussi positifs et nobles que soient ces derniers. Ils doivent instaurer en commun un contrôle sévère des flux de capitaux et empêcher les terroristes, les armes, les munitions de transiter par leur territoire. Dans le contexte particulier d'une lutte impitoyable contre le terrorisme, la Charte peut inclure d'autres règles de conduite à respecter par les États.

Je voudrais insister spécialement sur l'obligation pour tous les États signataires de livrer les terroristes trouvant refuge chez eux, à la demande de n'importe quel autre État, à condition, évidemment, que viennent à l'appui de cette demande des documents irréfutables. Actuellement, les pays sont loin d'avoir tous passé des accords d'extradition des criminels, ce qui constitue bien souvent un obstacle en cas de demande. Effectuer des changements dans la législation d'un État est un processus long et complexe. Les signataires de la Charte de lutte contre le terrorisme verraient aussitôt cet obstacle levé.

Au demeurant, l'extradition des individus convaincus d'actes terroristes est capitale pour lutter contre la terreur ; les criminels ne doivent pas espérer trouver asile dans quelque État que ce soit. Il faut que le sol brûle constamment sous leurs pas.

Les membres de la communauté internationale doivent en venir à la conclusion que, dans les nouvelles conditions qui sont les nôtres, il convient de réviser nombre de points de vue dominants du passé sur les moyens et méthodes susceptibles de garantir leur sécurité, ainsi que celle de leurs alliés, d'assurer la stabilité au niveau régional et mondial. Il est indispensable de contrer efficacement le terrorisme international qui a su, lui, réviser ses méthodes. Seule l'union de toutes les forces vives de la planète permettra d'y parvenir.

L'AGRESSIVITÉ DE L'ISLAM : MYTHE OU RÉALITÉ ?

La menace d'une nouvelle division du monde

La tragédie du 11 septembre 2001 entraîna aux États-Unis et dans les pays d'Europe occidentale une vague anti-islamiste. Aux USA, George Bush s'empressa de se rendre dans une mosquée pour calmer le jeu mais le résultat de cette visite fut à peu près nul. Dans le même but, le Premier ministre britannique, Tony Blair, publia quelques articles dans des journaux musulmans. Néanmoins, ce type d'actions épisodiques n'a aucune chance, avec la meilleure volonté du monde, de contribuer à redresser l'ensemble de la situation. Ajoutons qu'aussitôt après le 11 septembre, on vit paraître en Amérique et en Europe d'innombrables publications affirmant que l'islam était en lui-même agressif, belliqueux et, plus grave encore, que l'agressivité du monde islamique allait croissant.

Ce nouveau contexte a engendré un regain d'intérêt pour la théorie du politologue américain S. Huntington. Selon cette théorie, au système bipolaire de la

« guerre froide » succède peu à peu un système mondial composé de différentes civilisations, ce qui rend inévitables les heurts entre elles. S. Huntington divise le monde en civilisations occidentales et non-occidentales. Pour lui, la démocratie occidentale se retrouve directement confrontée à l'extrémisme et au fondamentalisme d'autres civilisations et doit être prête à relever un nouveau défi historique. Niant, de fait, les motifs économiques ou politiques des conflits, S. Huntington ramène tout à un antagonisme structurel entre les grandes aires culturelles et religieuses. Il est clair qu'un tel paradigme crée un espace pour une nouvelle division du monde après la fin de la « guerre froide », sur des critères non plus idéologiques mais culturels et religieux.

Le XXIe siècle dépendra pour une bonne part de la capacité à éviter cette nouvelle division du monde à laquelle pousse clairement l'identification erronée du terrorisme international à l'islam et l'action extrémiste d'une minorité de musulmans au monde musulman dans son ensemble.

En outre, le fait que les musulmans ne forment pas un monde fermé, à part, contribue à renforcer cette vision des choses. Aux États-Unis, les six millions de personnes de confession islamique représentent sans doute la religion qui progresse le plus dans le pays. L'Europe, quant à elle, compte des millions de musulmans émigrés de Turquie, d'Albanie, d'Afrique du Nord, de Syrie et du Liban, du Pakistan, d'Inde, d'Indonésie, de Malaisie, des Philippines. Et leur nombre ne risque pas de diminuer. Dans bien des cas, on assiste à une densification des populations musulmanes.

Pour ce qui est de la Russie, sa part musulmane a une longue histoire. De nombreux points de son territoire, abritant une importante population musulmane, y ont été rattachés historiquement ou s'y sont ralliés d'eux-mêmes. L'État russe compte aujourd'hui près de vingt millions de musulmans. Il va de soi qu'un partage du monde selon le critère culturel et religieux porterait un coup sérieux au fédéralisme russe. Dans ce cas de figure, la ligne de partage des eaux ne diviserait pas seulement l'ensemble du monde mais passerait à l'intérieur de nombreux États.

Il importe de souligner que cette perspective de partage crée un terrain favorable au séparatisme, l'un des maux les plus graves de notre temps, constituant d'ores et déjà un danger pour un nombre considérable d'États. Nul n'est garanti contre ce risque, pas même les États multinationaux les plus florissants aujourd'hui.

On ne peut ignorer la menace séparatiste sous couvert de défendre les valeurs démocratiques, avec des arguments tels que le droit des nations et des peuples à disposer d'eux-mêmes. C'est ainsi, de fait, que les marxistes posaient le problème à la fin du XIXe siècle et au début du XXe. Le principe s'appliquait particulièrement au système colonial, à l'époque où les peuples soumis à l'impérialisme luttaient pour leur libération. La formule marxiste de « l'autodétermination jusqu'à la sécession » allait connaître un bel avenir et finit par être inscrite dans la Charte de l'Organisation des Nations unies.

Cette formule est aujourd'hui manifestement obsolète. Après l'effondrement du système colonial, des dizaines d'États souverains ont surgi sur les ruines du colonialisme. À son tour, la fin de la « guerre froide » a mis un terme à une autre phase de l'Histoire et de nouveaux États sont apparus sur le territoire de ce qui avait nom Union soviétique, Tchécoslovaquie et Yougoslavie. La stabilisation des États et de leurs relations est une tâche importante du XXIe siècle et elle implique que soit placé au premier plan le principe de l'intégrité territoriale de ces mêmes États.

Faute de se fonder sur ce principe, le risque est grand de voir la planète se couvrir de nombreux foyers de violence. En ce début du XXIe siècle, cent cinquante États multinationaux abritent deux mille cinq cents groupes nationaux et ethniques. Si ces derniers obtenaient le droit de se constituer en États indépendants, les relations internationales sombreraient dans le chaos. Des exemples concrets permettent dès à présent de réfléchir à ce problème. On sait ainsi que les tentatives pour soutenir les séparatistes albanais du Kosovo ont eu leur revers : la volonté des Albanais du Kosovo de quitter le cadre de la Yougoslavie en chassant massivement les Serbes de la région.

Une approche démocratique globale ne saurait justifier un encouragement du séparatisme, et cela d'autant moins que le séparatisme albanais est gros de la menace d'une gigantesque guerre qui pourrait embraser l'ensemble des Balkans et se répandre largement au-delà.

Le même danger existe pour la Tchétchénie et les territoires limitrophes.

Toutefois, renoncer à la formule qui veut que l'autodétermination d'un groupe national ou ethnique « inclue le droit de celui-ci à faire sécession et à fonder son propre État », ne supprime en rien la question nationale et la nécessité de la résoudre. Mais le droit à l'autodétermination ne doit pas entrer en contradiction avec la défense de l'intégrité territoriale des États constitués. Il en ressort que la création de nouveaux États est impossible sur la seule base d'une décision unilatérale du groupe désireux de s'autodéterminer. Il y faut à la fois l'accord des populations qui veulent faire sécession et de celles qui veulent rester au sein de l'État d'origine. Et si cet accord ne peut être obtenu, l'unique moyen de résoudre la question nationale est une autonomie dans les limites d'un État dont l'unité sera préservée. Cette autonomie doit accorder aux groupes nationaux et ethniques qui s'autodéterminent de larges prérogatives économiques, politiques et culturelles.

Il apparaît donc qu'un partage du monde, selon le critère culturel et religieux, aurait des conséquences extrêmement négatives sur la stabilité des rapports entre États ainsi qu'au sein même des États. Il rendrait en outre plus difficile la naissance et le développement d'une civilisation mondiale, intégrant les meilleurs aspects des diverses civilisations qui composent le monde actuel.

L'Histoire nous montre que l'évolution de l'humanité ne s'est pas faite par le triomphe d'une civilisation sur les autres, mais par leur coexistence, ce qui n'a jamais voulu dire – et il en est de même aujourd'hui – qu'elles se développaient en parallèle ; il s'agissait bien plutôt de leur influence les unes sur les autres, de leur interpénétration, ce qui correspond parfaitement au processus de développement et de progrès des sociétés. Dans un ouvrage fort intéressant intitulé : *La Russie en quête d'autodétermination*, l'académicien L.I. Abalkine considère à juste titre que la « vision linéaire du progrès »[1] – en d'autres termes l'idée d'un progrès suivant obligatoirement une droite ascendante, le remplacement d'une formation « inférieure » par une autre, « supérieure » – a fait son temps, sur le plan à la fois théorique et historique. À l'époque où il y avait deux systèmes, l'un – socialiste – était convaincu de la fin imminente du capitalisme. Après l'effondrement du système socialiste, de nombreux politologues occidentaux furent séduits par la théorie de F. Fukuyama sur la « fin de l'Histoire » : en quelque sorte, la forme suprême de progrès social – libérale et capitaliste – l'avait emporté, résolvant toutes les contradictions passées et satisfaisant tous les besoins humains. Il serait toutefois plus juste de parler de convergence, d'interaction et d'interpénétration de ces deux grands modèles de développement social, générateurs de multiples variantes de progrès. Car c'est cette voie multiforme que doit désormais emprunter l'Histoire.

1. L.I. Abalkine, *Rossia : poïsk samoopredelenija*, Moscou, « Naouka », 2002, p. 33.

Les racines du terrorisme ne se trouvent pas dans le Coran

Il est un fait que l'islam, de même que le christianisme, le judaïsme ou le bouddhisme, est le produit d'une civilisation et qu'il exerce une influence considérable sur l'évolution de celle-ci[1]. À vrai dire, il y a interdépendance et interpénétration entre les civilisations

1. L'éminent chercheur de Russie N.N. Moïsseïev écrit dans sa monographie *Le destin des civilisations. La voie de la raison* (Moscou, 1998) : « Toynbee a sans doute tort lorsqu'il affirme que les religions forment les civilisations. [C'est là également le point de vue de Huntington.] Les civilisations, en effet, sont antérieures à toutes les religions et il semble qu'en l'occurrence tout se passe en sens inverse : les civilisations optent pour une religion et l'adaptent à leurs traditions justifiées par l'expérience historique. Je pense que les particularités des civilisations sont avant tout définies par les conditions de vie, les caractéristiques territoriales, les paysages, le climat » (p. 42). À ce point de vue de N.N. Moïsseïev que nous faisons entièrement nôtre, il convient d'ajouter que les religions sont une composante essentielle des civilisations sur lesquelles elles ont un impact véritablement gigantesque.

et leurs composantes majeures, les religions. L'Ancien Testament est le « Livre » des juifs et des chrétiens. Le Coran a, pour sa part, beaucoup emprunté à ces deux religions. Il se présente comme la Parole du Dieu unique, révélée aux hommes par son ultime Messager (donc celui qui se trouve le plus près de la vérité), Mahomet. Le Coran, néanmoins, ne met pas en doute l'existence d'autres envoyés de Dieu, juifs et chrétiens ; pour nombre d'entre eux, cependant, leur message a été invalidé par des « révélations plus tardives ». Le Coran, par exemple, accuse les prêtres de Judée (2 : 79) d'avoir déformé la Torah où il est dit (selon les exégètes musulmans) qu'un nouveau prophète viendra sur la terre d'Arabie.

Dans les premières traductions du Coran en langues étrangères, Allah figurait sous l'appellation de « Dieu ». Puis on a cessé de traduire « Allah », ce qui peut donner l'impression que les musulmans ont un Dieu à part. Or, le Coran dit : « Si [Vous] disputez avec des Gens du Livre, [avancez les] meilleurs [arguments]. Et ne vous lancez pas dans des discussions avec ceux d'entre eux qui aiment l'esclandre. Dites : “Nous croyons en ce qui nous a été envoyé (par le Coran) et en ce qui vous a été envoyé (la Torah et l'Évangile). Notre Dieu et votre Dieu ne sont qu'un seul [et même Dieu] et nous nous soumettons à Lui” » (19 : 46).

Les savants musulmans ont payé un grand tribut à la science, à l'art, à l'enseignement, bref à tout ce qui fait le fondement de la civilisation mondiale. En 980, Ibn Sina (Avicenne) réalisait son grand œuvre *Al-Kanun* (*Le Canon*) qui allait demeurer, jusqu'au XVIIe siècle, l'ouvrage de médecine le plus célèbre en Europe. Les penseurs musulmans ont exercé une grande influence sur saint Thomas d'Aquin (1226-1274). Les travaux d'Aristote ont pu être conservés grâce à leurs traductions par des musulmans en arabe. Quant à Ibn Khaldoun, qui vivait au XIVe siècle, le titre de grand historien lui revient à plein droit. Djabir Ibn Khayan est connu pour être le père de la chimie. Le mot « chimie » lui-même vient de l'arabe *al-kimiya*. Le mot « algorithme » est issu du nom du savant Al-Kharezimi. Son livre fut le grand manuel de mathématiques des universités européennes jusqu'au XVIe siècle. On pourrait multiplier les exemples.

Tout aussi incontestable est l'immense influence exercée sur le monde islamique par la civilisation occidentale.

Faut-il penser que le processus d'interaction entre les civilisations a aujourd'hui pris fin ? Non, bien sûr. De plus, le renforcement de la mondialisation ne peut que se traduire par un accroissement de l'influence des différentes civilisations les unes sur les autres, dans la perspective d'un rapprochement de toutes au sein d'une civilisation mondiale. Ceci dans l'idéal. Mais cette évolution peut être rendue plus difficile si la tendance à une division du monde selon les critères religieux est encouragée.

Frénétiquement désireux de soumettre à leurs idées tout le monde islamique et d'en faire des vérités intangibles, les extrémistes musulmans en appellent au Coran ou, plus exactement, à une interprétation unilatérale et dogmatique de ce Livre sacré pour l'islam.

Cependant, des citations arbitrairement extraites du Coran ne sauraient caractériser tout un courant religieux, d'autant plus qu'à côté de sourates qui peuvent être interprétées comme des appels à la violence, on trouve en abondance dans le Livre des invites à la paix et à la tolérance. À cet égard, deux principes découlant du Coran et des *Règles du Droit mahométan concernant la guerre contre les infidèles,* dues au célèbre savant musulman médiéval Kuduri, sont d'une extrême importance. Le premier est un appel, en cas de recours à la force contre les ennemis de l'islam, à épargner les populations civiles, femmes, enfants, vieillards sans défense. « Il ne convient pas aux musulmans de rompre leur serment, de recourir à la ruse, de mutiler les hommes, de tuer les femmes, les vieillards, les infirmes, les enfants, les aveugles, les boiteux, si aucun d'eux ne participe à la guerre par ses conseils et si la femme n'est pas reine », proclament les *Règles.* « Et l'on ne doit pas tuer les insensés. »

« Combattez dans le sentier d'Allah ceux qui vous combattent, et ne transgressez pas. En vérité, Allah n'aime pas les transgresseurs » (2 : 190). Cette sourate insiste sur le caractère purement défensif des actions armées accomplies « selon les principes du Coran ».

Le second principe interdit aux musulmans le suicide. Il s'agit là de deux règles majeures, compte tenu, notamment, des diverses tentatives d'assimiler le terrorisme à l'islam.

La propagation de l'islam, incroyablement rapide et, dans l'ensemble, non violente, est un phénomène unique en son genre. L'expansion victorieuse des

Arabes d'Arabie s'effectue pour l'essentiel après la mort du Prophète (632). Sous le règne du calife Omar (634-644), a lieu la conquête de la Mésopotamie, de la Syrie, de la Palestine, de la Transcaucasie, de l'actuel territoire de l'Iran, de l'Égypte, de la Cyrénaïque. En moins d'un demi-siècle, l'islam atteint les frontières de la Chine, la vallée de l'Indus, les rivages de l'Atlantique et les chutes du Nil. Ces conquêtes s'effectuent au travers d'affrontements avec les armées de Byzance et l'Iran sassanide.

Au demeurant, l'islam n'est pas, en règle générale, imposé aux peuples soumis. Spécialiste reconnu de l'islam, A. Masset écrit : « Le terrain était bien souvent prêt pour la conquête, grâce à des dissensions internes. Les coptes d'Égypte, les Syriens, trop heureux de secouer le joug byzantin, accueillirent les Arabes presque en libérateurs. En Iran et en Espagne, les gouvernants étaient tout aussi étrangers au peuple. Quant aux Arabes, ils se bornèrent à quelques changements dans l'appareil administratif en place – qui ne cessait de harceler la population – dans le sens d'un assouplissement... »[2].

Masset affirme que « les peuples soumis se convertirent à l'islam, non par conviction, mais pour payer moins d'impôts »[3], ce dont témoigne aussi l'éminent orientaliste soviétique E.A. Beliaïev : « Les Arabes offraient des conditions de vie autrement plus suppor-

---

2. A. Masset, *L'Islam*, Moscou, « Naouka », 1982, p. 53.
3. *Ibidem*, p. 40.

tables à ceux qui acceptaient leur domination. En conséquence, la plupart des populations conquises, non seulement ne leur opposaient aucune résistance, mais devenaient bien souvent leurs alliées »[4].

Les représentations d'une conversion obligatoire à l'islam de toutes les populations soumises sont erronées. L'adoption de l'islam par la majeure partie des Égyptiens s'étend sur quatre siècles et un nombre non négligeable de chrétiens coptes s'est préservé jusqu'à nos jours. Le Liban, où l'on trouve actuellement encore une influente communauté maronite (à laquelle, compte tenu du système étatique confessionnel, reviennent les postes de président de la République et de chef suprême des Forces armées), une communauté orthodoxe et des groupes de chrétiens se rattachant à d'autres Églises, montre la relative tolérance de l'islam, moins en théorie (en raison du *djihad*, la guerre sainte), que dans la pratique.

En règle générale, on trouve de nos jours encore des minorités chrétiennes dans de nombreux pays arabes. La chose valait pour les juifs de ces pays jusqu'au milieu du XXe siècle, c'est-à-dire jusqu'à leur émigration en Israël. Il y avait des heurts, des restrictions, parfois des persécutions, mais les juifs continuaient de vivre dans les pays arabes, de génération en génération. Sous ce rapport, le régime de l'islam n'était ni meilleur ni pire que, par exemple, celui de la

4. E.A. Beliaïev, *Araby, islam i Arabski khalifat v raniéé Srednevekovié, (Les Arabes, l'islam et le Califat arabe dans le haut Moyen Âge)*, 2e édition, Moscou, « Naouka », 1966, p. 140.

Russie tsariste ou de certains pays européens au Moyen Âge ou à d'autres époques.

L'islam est une des religions du monde dont le nombre d'adeptes continue de croître relativement rapidement, sans qu'il soit besoin pour cela d'user de contrainte. Le facteur démographique joue ici un rôle essentiel, la population augmentant très vite dans les communautés et les pays musulmans. Mais il est d'autres raisons. En Inde, par exemple, de nombreux « intouchables » se convertissent à l'islam, ce qui leur permet d'échapper aux sévères restrictions imposées à cette caste.

On peut même aller jusqu'à dire que, dans l'ensemble, l'histoire de l'islam aura été moins sanglante que, par exemple, celle du catholicisme. L'islam n'a pas brûlé d'esprits libres sur les bûchers de l'Inquisition. L'histoire de l'islam a aussi, bien sûr, ses pages noires, mais la violence a été le plus souvent suscitée par des conflits ethniques ; elle n'a pris que rarement la forme d'actes de barbarie contre d'autres confessions, notamment contre ceux que le Coran distingue comme les « Gens du Livre » (la Bible) : les juifs et les chrétiens. Le recours à la violence s'est effectué essentiellement contre des coreligionnaires rattachés à d'autres « écoles » islamiques, en particulier entre sunnites et chiites.

Lorsque Mahomet entreprend de combattre les Mecquois qui s'écartent de lui et soutiennent les tribus judaïques dans la région, ou encore les chrétiens de Syrie qui avec les Juifs préparent une offensive contre lui, il appelle ses armées à se battre vaillamment, mais en faisant preuve d'humanité. Il ne doit pas y avoir de massacres de populations pacifiques. Pas un arbre ne doit être abattu, pas une maison ne doit être livrée à la destruction.

Certes, le Prophète prône cette modération essentiellement durant la période « mecquoise » ; viennent ensuite ses dissensions avec les juifs, qui auront pour conséquence l'expulsion de trois tribus juives d'Arabie. Mais l'histoire ne fait état d'aucun pogrome sanglant.

Cependant, à compter du XIe siècle, les Croisés se livrent à une série de tentatives pour libérer « par le glaive et le feu » Jérusalem et la Terre Sainte des musulmans. Il faut attendre la première prise de Jérusalem, où vivaient jusqu'alors, sous domination islamique mais assez paisiblement, musulmans, juifs et chrétiens, pour qu'en deux jours près de quarante mille musulmans soient massacrés. Or jamais il ne viendrait à l'esprit de quiconque d'accuser le christianisme, en tant que religion, de prôner la barbarie, le terrorisme, et cela d'autant moins que les chrétiens orthodoxes, ou les chrétiens d'Orient, avaient, dès cette époque, réussi à coexister avec les musulmans, non sans quelques heurts mais dans l'ensemble pacifiquement.

Toutes ces considérations, basées sur des faits historiques, ne visent pas à gommer les idées extrémistes largement répandues dans les masses musulmanes, notamment celles des pays impliqués dans le conflit israélo-arabe. Ces idées ont effectivement cours et il serait absurde d'en nier l'existence. Elles trouvent cependant leurs racines moins dans la religion que dans la politique. Le refus de reconnaître à Israël le droit d'exister en tant qu'État ne fut qu'une réaction à l'expulsion des Palestiniens du territoire qu'ils peuplaient ; il ne découle pas du Coran où, comme chacun sait, figurent, hormis Mahomet, l'Envoyé « du Dieu unique, Allah », d'autres prophètes, certes moins importants, tels que Issa (Jésus), Moussa (Moïse)...

Il convient de noter qu'avec le temps, l'attitude extrémiste à l'égard d'Israël, qui va à l'encontre de ce que pense une grande majorité de pays, connaît une évolution manifeste. Et ce n'est pas un hasard si la formule « reconnaissance d'Israël par les Arabes en échange de son retrait des territoires occupés pendant la guerre des Six Jours en 1967 », a été proposée en 2002 par nul autre que le prince Abdallah, héritier de la couronne d'Arabie Saoudite, où se trouvent les deux plus grands sanctuaires musulmans. On peut imaginer que cette formule n'est pas née de la seule volonté de favoriser la paix au Proche-Orient, mais aussi du désir de se mettre au diapason de l'immense majorité de la planète.

Fondamentalisme et extrémisme : deux notions à ne pas confondre

Si l'extrémisme a néanmoins pu se développer au sein de l'islam, ce n'est pas tant par une évolution naturelle de ce dernier que par l'apparition et l'activisme d'une série de sectes islamiques. Certaines prônent des valeurs fort éloignées de l'islam traditionnel, ce qu'ignorent leurs adeptes qui soulignent avec zèle leur appartenance à celui-ci. Nous n'en voulons pour exemple que le wahhabisme dont les « idées » permettent à de nombreux extrémistes, notamment dans le Caucase du Nord, de sacraliser leurs activités criminelles.

Le mouvement wahhabite apparaît en Arabie au XVIIIe siècle. Son fondateur, Abd al-Wahhab, appelle à revenir à la vraie foi des origines. Le wahhabisme s'oppose radicalement à la propagation du culte des saints musulmans, dans lequel il voit un retour au polythéisme. Se fondant uniquement sur le Coran et la Sunna, le wahhabisme va jusqu'à exclure toute possibilité d'en faire l'exégèse, percevant là encore un glissement vers le polythéisme. Ces motifs sont à l'origine du rejet de nombreuses valeurs déjà enracinées dans la société islamique, notamment du culte voué au Prophète, lequel, selon les wahhabites, ne peut être considéré comme un Intermédiaire entre Dieu et les hommes, car cela contredirait la puissance d'Allah. Ils jugent impossible de révérer la moindre chose faite de main d'homme – fût-ce la tombe du Prophète –, ils refusent de baiser le sanctuaire de La Mecque, la Kaaba, interdisent de prêter serment par le nom du Prophète ou des membres de sa famille et, dans la vie courante, persécutent sans pitié, non seulement ceux qui boivent de l'alcool, mais encore ceux qui fument, écoutent de la musique, jouent à quelque jeu que ce soit.

Vers 1770, dans le désert de Najd (en Arabie), un État wahhabite est créé qui, au début du XIXe siècle, pille les lieux saints chiites, s'empare ensuite de La Mecque, détruisant la mosquée et mutilant la Kaaba. Lorsque les wahhabites prennent Médine, ils profanent la tombe de Mahomet.

Les wahhabites se caractérisent par des persécutions à l'encontre des musulmans enrichis, par des appels à revenir à la pureté islamique des origines, ce qui leur vaut d'être qualifiés par certains spécialistes de « communistes en islam ».

La progression des wahhabites est stoppée en 1811. Ils sont alors défaits par le souverain d'Égypte Mohammed Ali, mandaté pour ce faire par la Porte. Ils ne tardent toutefois pas à restaurer leur État. Aujourd'hui, le wahhabisme, qui a perdu nombre de ses caractéristiques, tout particulièrement sa tendance à imposer la rigueur et d'autres changements à l'islam, est la religion officielle de l'Arabie Saoudite dont les dirigeants ont acquis de fabuleuses fortunes grâce au pétrole.

On peut se demander si les adeptes tout frais du wahhabisme en Tchétchénie et au Daghestan en connaissent l'histoire et la nature.

L'extrémisme islamique est condamné sur le plan historique, pour la bonne raison qu'il fait figure d'anachronisme et s'est propagé dans un milieu incapable de supporter le choc des progrès accomplis par l'ensemble de la communauté mondiale et donc voué à disparaître Ce n'est pas un hasard si le peuple palestinien est dirigé par l'Organisation de libération de la Palestine et non par le Djihad islamique palestinien. De même, il est notable que dans leur lutte contre le régime laïc de Farouk pourri jusqu'aux tréfonds, les Égyptiens n'aient pas suivi, il y a cinquante ans, l'organisation religieuse extrémiste des Frères musulmans, lui préférant le mouvement des « Officiers libres » conduits par Nasser. Après sa victoire de 1953, Nasser, bénéficiant d'une neutralité favorable de la population, devait écraser les Frères musulmans qui voulaient prendre le pouvoir. Des affrontements similaires eurent lieu en Algérie et dans une série d'autres pays.

L'extrémisme islamique actuel mène moins ses actions dans le cadre du Djihad qu'en opposition aux gouvernements des pays à population musulmane, qui ont opté pour un modèle laïc de construction et de consolidation de l'État. En témoignent, par exemple, les événements de 1982 en Syrie. Dans la ville de Hama, une révolte antigouvernementale éclata alors sous l'étendard vert de l'islam, que le président Hafez el-Assad ordonna d'écraser impitoyablement. Il semblerait que les émeutiers islamistes aient été exécutés par milliers.

Un autre constat s'impose : les forces extrémistes qui prétendent au pouvoir dans les divers pays musulmans ne bénéficient pas du soutien de l'opinion au sein de laquelle on observe une tendance à la modernisation. Ces deux remarques valent également pour l'Arabie, patrie de l'islam. La nouvelle génération de musulmans est plus active que l'ancienne, elle se prononce en faveur d'une démocratisation, du pluralisme, de la liberté de chacun d'exprimer sa volonté. La mondialisation en cours renforcera sans nul doute le processus de démocratisation de l'islam. On ne soulignera jamais assez, à cet égard, l'impact d'un outil tel qu'Internet, qui permet un large accès aux déclarations et interventions des musulmans libéraux.

Il importe, pour tenter de cerner l'avenir du monde musulman et de ses relations avec le reste de l'humanité, de distinguer le fondamentalisme et l'extrémisme islamiques. Le premier, comme n'importe quel fondamentalisme religieux, prône l'éducation religieuse, l'accomplissement des rites dans la vie quotidienne. Le second vise à imposer par la force, y compris à l'étranger, un modèle d'État islamique, des règles de conduite islamiques au sein de la famille et de la société. Par la force, répétons-le, c'est un point essentiel.

On peut expliquer aisément pourquoi, au cours des dix dernières années, le fondamentalisme islamique a accru son influence. Cela tient incontestablement à l'effondrement du système colonial – une part considérable des colonies et des territoires dépendants était peuplée de musulmans – et à l'apparition sur la carte du monde de dizaines d'États musulmans souverains. Sous ce rapport, le fondamentalisme est lié à l'augmentation de la conscience nationale, un processus qui avait été freiné sous le régime colonial.

Le fondamentalisme islamique se nourrit aussi de l'actuelle division Nord/Sud du monde, le Nord étant peuplé de nantis, à la différence du reste de la planète auquel appartient la majorité des pays musulmans. On verra aussi dans l'impact croissant du fondamentalisme une réaction aux manifestations les plus choquantes de la « culture de masse », qui sape pour une bonne part les fondements moraux de la société.

Pour ce qui est de l'espace de l'ex-URSS, où l'on constate aussi un renforcement du fondamentalisme islamique, le phénomène prend la forme d'une réaction aux pratiques de l'époque soviétique : interdiction de construire des mosquées, d'observer les rites musulmans, de célébrer les fêtes musulmanes. Cette politique était menée à l'égard de toutes les confessions, mais elle touchait dans une plus grande mesure la population musulmane, car l'islam, plus que les autres religions, rythme le quotidien des croyants. Au temps de l'Union soviétique, on a même assisté à des persécutions à l'encontre de dirigeants musulmans du Parti qui s'étaient permis d'inhumer leurs parents ou leurs proches selon le rite musulman, simplement recouverts d'un linceul et la tête tournée en direction de La Mecque. À croire que l'inhumation dans un cercueil était un attribut du socialisme ou du communisme.

Les perspectives de développement de la société islamique dépendent directement du rapport de forces entre deux courants : le fondamentalisme et l'extrémisme. Le fondamentalisme islamique peut se défaire une bonne fois de sa tendance extrémiste et opter pour une démocratie islamique, proche des valeurs traditionnelles. Il va de soi que cette démocratie se distinguera du modèle occidental, ni plus ni moins toutefois que ne s'en distingue la démocratie indienne. Il faut en outre considérer que les élections, les plébiscites, les référendums, le parlementarisme, l'alternance des gouvernements dans le cadre d'une Constitution, une plus grande égalité des droits entre les hommes et les femmes, voisineront très longtemps avec les traditions religieuses.

Parallèlement, la frontière entre fondamentalisme et extrémisme a tendance à s'effacer quand la population islamique fait sienne l'idée séparatiste – comme cela s'est produit au Kosovo ou dans la partie musulmane de la Macédoine – ou encore lorsqu'elle veut montrer sa solidarité avec un pays musulman confronté à une agression extérieure.

Nul doute que la division du monde en deux civilisations et l'opposition entre l'aire islamique et la « partie saine » de la communauté mondiale ne pourront que favoriser le nivellement de la frontière entre fondamentalisme et extrémisme.

« En fin de compte, l'intégration de la démocratie islamique à la société démocratique globale dépend de la volonté de l'Occident d'accepter une variante islamique de la démocratie libérale », fait justement remarquer Ray Takeyh, spécialiste de l'islam, chercheur à l'Institut politique du Moyen-Orient à Washington. « Tout en reconnaissant de fait l'existence de certaines "valeurs démocratiques universelles", les islamistes modérés considèrent que différentes civilisations doivent avoir la possibilité de traduire ces valeurs d'une manière acceptable pour elles et adaptée au contexte qui est le leur. Aussi continueront-ils à combattre toute forme d'hégémonie des États-Unis, sur le plan tant politique que culturel, et à juger plus approprié un système international multipolaire et "pluricivilisationnel". »[1]

1. *Foreign Policy*, Novembre/Décembre 2001, p. 70.

LE PROCESSUS DE PAIX AU PROCHE-ORIENT : UNE NOUVELLE APPROCHE NÉCESSAIRE

Le dur chemin de Madrid

Les événements du 11 septembre ont montré toute l'importance et l'urgence vitale pour la communauté mondiale de régler les conflits régionaux, notamment celui du Proche-Orient qui, plus encore que tous les autres, crée un terrain favorable à l'accroissement du terrorisme international et à ses manifestations sous les formes les plus dangereuses. Dans un entretien avec le président Poutine, le chef du gouvernement italien S. Berlusconi faisait justement remarquer : « Depuis les événements du 11 septembre, le règlement de la question israélo-palestinienne a cessé d'être un problème régional à part. C'est désormais une question qui touche directement aux relations de l'Occident avec le monde islamique. »

Aussitôt après la tragédie du 11 septembre, j'attendais, comme beaucoup d'autres je crois, un signe immédiat de Washington à destination, tout d'abord, de la Russie, co-présidente de la Conférence de Madrid pour le règlement du conflit au Proche-Orient, puis du Conseil de l'Europe et d'autres membres de la communauté internationale ; un appel à unir toutes les forces pour mettre conjointement au point des moyens de sortir de l'impasse du Moyen-Orient.

La situation s'y trouve bloquée, notamment parce que le Proche-Orient est pris dans un engrenage de violence dont il ne peut se tirer sans aide décisive de l'extérieur. Mais pas seulement. Il importe de souligner que, dans ce contexte, les États-Unis ont démontré une nouvelle fois toute l'inanité de leur monopole en la matière : depuis la Conférence de Madrid, les USA ont pris presque exclusivement en charge le conflit arabo-israélien.

Après le 11 septembre, il est vrai – avec, toutefois, un décalage dans le temps –, les Américains ont adressé des signes encourageants. Ils étaient cependant trop faibles et relativement ambigus. De ce fait, la question de savoir si, dans le nouveau contexte de l'après 11 septembre, on s'obstinera à ne pas explorer nombre de solutions potentielles pour ce conflit d'une extrême gravité, reste entièrement posée.

Pour déterminer l'évolution possible du processus de paix au Proche-Orient, il convient sans nul doute de tirer les leçons du passé. Le processus de paix au Proche-Orient a commencé il y a près de trente ans, tandis que le conflit israélo-arabe en compte, si l'on prend comme point de départ la création d'Israel, vingt-cinq de plus au bas mot, puisque des « éléments de conflit » s'étaient accumulés auparavant.

Cet important laps de temps entre le début du conflit et l'action politique concrète pour y mettre un terme, le processus de paix qui s'éternise de fantastique façon, tout cela en dit long. Et le problème n'est pas le manque de volonté de la communauté internationale de trouver une solution. Le monde a été confronté au refus, tant d'Israël que des pays arabes, d'appliquer une série de Résolutions du Conseil de sécurité de l'ONU. Sur le Proche-Orient plane une atmosphère d'hostilité et de négation de la réalité, le tout encouragé, attisé par les forces extrémistes, en Israël comme dans les pays arabes. Tandis que l'on dénie à Israël le droit d'exister en tant qu'État, on refuse un droit analogue au peuple palestinien, alors que l'un et l'autre droits figurent dans les Résolutions de l'ONU.

Autre point négatif : le fait que le conflit du Proche-Orient était considéré, à l'époque des « Blocs » et de l'affrontement des superpuissances, à travers le prisme de cette confrontation. Ajoutons que les acteurs du conflit du Moyen-Orient se cherchaient une place au sein de cet affrontement, ce qui se traduisait par une volonté des pays arabes impliqués dans le conflit de faire figure de partenaires de l'Union soviétique, et, pour Israël, d'être tenu pour allié des Américains.

Les acteurs du conflit ont même, çà et là, démontré qu'ils avaient des « liens idéologiques » avec les deux systèmes à la fois. Certains pays arabes adoptaient volontiers le point de vue de Moscou selon lequel ils étaient « d'orientation socialiste ». Et de souligner à l'envi leur rattachement au camp anti-impérialiste. Israël, de son côté, se déclarait partie intégrante du

« monde libre ». Tout cela explique pour une grande part l'afflux d'armements des plus modernes au Proche-Orient.

Enfin, la situation s'est trouvée encore compliquée par une série de guerres dans la région, au terme desquelles Israël n'a cessé d'occuper de nouveaux territoires arabes. Ces conflits n'ont pas tous été déclenchés par l'État hébreu, mais celui-ci a systématiquement mis à profit des erreurs, des fautes grossières de la partie arabe, sur le plan tant diplomatique et politique que militaire. De façon notable, Israël a toujours bénéficié du soutien d'une partie considérable de l'opinion publique internationale, réagissant très négativement aux invites irresponsables de nombreux dirigeants arabes à anéantir l'État hébreu.

L'ensemble de ces éléments n'a pas seulement retardé pour de longues années le déclenchement du processus devant conduire à régler le conflit du Proche-Orient. Ce processus est aujourd'hui en lambeaux et devenu infiniment complexe. De plus, beaucoup de sang ayant été versé et de nombreuses vies ayant été brisées, la colère et la haine aveugle se sont accumulées et il est apparu que sans intervention extérieure active, il serait impossible de régler le conflit du Proche-Orient.

La « guerre froide », on s'en doute, n'a pas favorisé, loin s'en faut, ce type d'intervention positive commune. Les deux superpuissances avaient des intérêts opposés au Moyen-Orient, dans les domaines militaire, politique et économique. Les États-Unis et l'URSS épaulaient leurs « clients » moyen-orientaux. Israël était unilatéralement soutenu par l'Occident, USA en tête, tandis que les pays arabes l'étaient par l'Union soviétique. Désireux d'élargir leurs positions dans la région, les Américains réussissaient à s'implanter dans une série de pays arabes du golfe Persique et, après la mort de Nasser, sous la présidence de Sadate, à contrôler la politique égyptienne. Les États-Unis avaient ici un avantage certain, car, d'un côté, l'Égypte sortait de la zone d'influence soviétique et, de l'autre, l'URSS s'était trouvée dans l'incapacité de jeter quelques passerelles en direction d'Israël. Dans le contexte de la « guerre froide », cette « asymétrie » contribuait encore à fixer l'URSS et les USA de part et d'autre de la barricade du Proche-Orient.

Néanmoins, ni l'URSS ni les États-Unis n'avaient objectivement intérêt à ce que le conflit s'étende au niveau mondial. Les USA redoutaient particulièrement que ne soient impliqués dans le conflit avec Israël les pays arabes fournissant en pétrole les États-Unis, l'Europe de l'Ouest, le Japon. C'est ce qui a permis, même dans les conditions de la « guerre froide », de maintenir à flot le processus de paix au Proche-Orient, créant un terrain favorable pour une intervention politique à la fois de l'URSS et des USA dans le but de faire avancer le règlement du conflit. À Moscou – à Washington aussi, je pense – on comprenait parfaitement que, compte tenu de la situation réelle sur le terrain, on ne pourrait éviter un compromis. Restait à savoir jusqu'où aller pour aider au règlement du conflit. Les avis des parties en présence divergeaient sur ce point et la formule du compromis ne fut trouvée qu'après la fin de la « guerre froide », à la Conférence de la paix de Madrid, en 1991 : libération des territoires occupés par Israël lors de la guerre de 1967, en échange de la paix avec Israël et de la garantie de sa sécurité.

La double tactique des USA

Cette formule néanmoins, qui, de l'aveu de tous, ouvre vraiment la voie à la paix au Proche-Orient, ne fonctionne pas à ce jour. Cela tient à la mentalité des parties impliquées dans ce conflit sanglant, mentalité qui s'est formée durant tout un siècle. La double tactique généralement employée par les USA a encore rallongé le chemin qui mène à la paix et rendu problématique sa stabilité. Cette tactique consiste à miser sur un règlement commun du conflit israélo-arabe, tout en empêchant l'URSS d'abord, puis la Russie de prendre une part active au processus de paix. La tendance aux décisions séparées voisine ici avec la monopolisation par les États-Unis des processus de règlement du conflit.

Il est vrai que cette tactique, qui a conduit à ignorer nombre de solutions potentielles, a été rendue possible par le soutien non seulement d'Israël mais encore de toute une série de dirigeants arabes qui l'ont encouragée concrètement. Voici, par exemple, comment

Sadate décrivait à l'homme politique égyptien et publiciste de renom M. Heikal – en qui il avait alors confiance – sa rencontre avec le secrétaire d'État américain H. Kissinger, immédiatement après le cessez-le-feu dans la guerre de 1973 : Sadate, selon ses propres paroles, aurait dit au secrétaire d'État qu'il allait « en finir avec l'Union soviétique », la considérant désormais comme « son adversaire ». « La paix au Moyen-Orient », avait résumé Sadate, « doit être organisée et contrôlée par les États-Unis »[1].

Ajoutons qu'au milieu des années quatre-vingt-dix, en ma qualité de chef du Contre-espionnage de Russie, j'étais informé du contenu des pourparlers secrets israélo-arabes, mais pas par les Palestiniens, et que je savais par ailleurs que les Israéliens se concertaient avec les Américains.

Il apparaît que le premier plan concret de paix remonte à la fin des hostilités israélo-arabes en 1973. Le 22 octobre de cette année-là, le Conseil de sécurité de l'ONU adopte la Résolution N° 338 relative au cessez-le-feu au Moyen-Orient. Y figure expressément pour la première fois l'arrêt des opérations militaires, autrement dit la fin d'une phase de crise du conflit et l'engagement de pourparlers. La Résolution contient également un appel à préparer sans délai la Conférence de Genève qui doit résoudre un ensemble de problèmes liés au règlement du conflit au Proche-

1. M. Heikal, *Autumn of Fury. The Assassination of Sadat*, Londres, 1983, p. 67.

Orient et instaurer une paix juste et durable dans la région.

L'adoption de la Résolution est précédée d'entretiens entre le secrétaire d'État américain Kissinger et les dirigeants soviétiques à Moscou. Les États-Unis acceptent alors une approche différente de leur pratique précédente, mieux adaptée à la situation réelle. Elle prévoit des actions très naturelles, visant à mettre définitivement un terme à des années de conflit sanglant au Moyen-Orient. Il apparaît toutefois rapidement que la Conférence de Genève n'est, pour H. Kissinger, qu'un moyen de « réunir en un même attelage toutes les parties concernées à seule fin d'accomplir un acte symbolique par le biais duquel chacun pourra, au moins un temps, conduire les affaires à sa façon. Il était difficile d'organiser une aussi grande conférence pour, ensuite, la laisser en sommeil (!) jusqu'à ce que la diplomatie en revienne à la voie bipartite »[2].

Justifiant leur politique, les dignitaires américains répètent alors à maintes reprises qu'il n'y a pas et qu'il ne peut y avoir un contexte permettant de régler le conflit du Moyen-Orient. Force est donc de se contenter de mesures partielles qui ne peuvent être que séparées. Pire, les partisans de ces mesures isolées accusent notre pays de vouloir griller les étapes, d'adopter une politique du « tout ou rien ». Or ces « arguments » et

---

2. H. Kissinger, *Years of Upheaval*, Boston-Toronto, 1982, p. 747.

accusations ne correspondent pas exactement à la réalité.

En soulignant la nécessité d'un règlement global du conflit au Proche-Orient, ni l'URSS ni la Russie n'ont jamais songé à brûler les étapes, considérant toutefois que la mise en pratique de mesures progressives était conditionnée au fait qu'elles s'inscrivent dans une politique d'ensemble. Si cette dernière était définie, on pouvait effectivement tenter d'atteindre au but par étapes. Cette méthode se voyait néanmoins contredite par des mesures partielles – et non par étapes –, isolées.

Compte tenu du caractère particulier de ce conflit où Israël était confronté, non point à un seul, mais à plusieurs pays arabes et à la résistance palestinienne, les mesures séparées n'étaient jamais « verticales », ne se rapprochaient jamais d'une solution globale, restaient « horizontales ». Elles ne faisaient pas la synthèse de tous les potentiels, elles les réduisaient au contraire, chacune d'elles affaiblissant les adversaires d'Israël et diminuant parallèlement la volonté israélienne d'envisager une solution pour toutes les parties en présence.

Je me refuse à croire que nombre d'Américains, notamment parmi les responsables, n'aient pas compris d'emblée le danger représenté par des mesures séparées pour le règlement du conflit israélo-arabe. Il semble que les positions de l'URSS et des USA à ce sujet se soient rapprochées en 1977. Au cours de l'été 1976, j'eus l'occasion de rencontrer de nombreux responsables de l'administration Carter. Lors d'une des rencontres de Dartmouth[3] aux USA, j'évoquai la situation au Proche-Orient avec Z. Brzezinski, futur conseiller du président pour les questions de sécurité. Deux semaines plus tard, dans le cadre d'un symposium soviéto-américain organisé par les deux Associations nationales de coopération avec l'ONU, j'envisageai la même question avec le futur secrétaire d'État de l'administration Carter, C. Vance. Tous deux disaient à peu près ceci : la politique des mesures séparées au Moyen-Orient a fait son temps ; les États-Unis et l'URSS doivent prendre part au processus de paix, en unissant leurs efforts.

Une publication du Brooking Institute de Washington, consacrée aux problèmes du Proche-Orient, devait faire grand bruit. Parmi les auteurs, on trouvait Z. Brzezinski et le responsable du Moyen-Orient au Conseil de sécurité. Ils soulignaient la nécessité d'opter pour un règlement global qui ne pouvait être atteint sans un accord sur la création d'un « foyer palestinien » situé sur la rive ouest du Jourdain. Deux mois après son entrée en fonctions, le président Carter déclarait : « Les Palestiniens doivent avoir une patrie. » Le président américain indiquait, dans une série d'interventions, qu'il était souhaitable de reprendre la Conférence de Genève.

---

3. Durant plusieurs années, se sont tenues, à Dartmouth, des rencontres informelles entre Soviétiques et Américains. Y prenaient part des personnalités sans fonctions officielles, néanmoins très proches du pouvoir dans leurs pays respectifs.

L'apogée de cette période fut la déclaration commune soviéto-américaine du 2 octobre 1977, proclamant la nécessité de régler des questions aussi cruciales que le retrait des troupes israéliennes des territoires occupés durant le conflit de 1967, le problème palestinien – y compris la garantie des droits du peuple palestinien –, l'arrêt des hostilités et l'instauration de relations pacifiques normales, fondées sur la reconnaissance mutuelle des principes de souveraineté, d'intégrité territoriale et d'indépendance politique. Mais suite à une attaque en règle du Congrès et des médias américains contre cette déclaration, Washington la désavouait bientôt, en signant, après des pourparlers entre le président Carter et le ministre israélien des Affaires étrangères, M. Dayan, un « document de travail ».

Dès lors, les États-Unis adoptèrent formellement – et pas seulement dans les faits comme on l'avait vu fréquemment auparavant – une position de repli concernant leur coopération avec l'URSS sur la question du Moyen-Orient, tout en renonçant presque complètement à rechercher un mode de règlement global du conflit.

L'un des principaux jalons du processus de paix au Moyen-Orient devait être la signature de l'accord israélo-égyptien en 1979. Il s'agissait là d'une « avancée » qui ne pouvait que modifier les relations entre Arabes et Israéliens. Mais ce changement ne s'effectua que très lentement et, surtout, la signature de ce document représentait à nouveau une mesure séparée, affaiblissant encore les chances d'un règlement global.

Rien dans le texte de l'accord n'assurait la continuité du processus de paix. Il en fut de même pour le document « parallèle » – « Le cadre de la paix au Moyen-Orient » – que Z. Brzezinski qualifia justement de « feuille de vigne » de Sadate.

Les accords de Camp David allaient retarder pour de longues années le règlement du problème palestinien, sans mettre pour autant un terme à une longue série de guerres et de conflits armés. Selon l'ancien ministre israélien de la Défense, Weizman, Begin[4] et ses partisans voyaient les accords de Camp David comme « un moyen d'entériner, sous une forme ou une autre, la domination israélienne sur la rive ouest du Jourdain »[5].

Après la signature de l'accord de paix israélo-égyptien, le processus de paix au Proche-Orient n'enregistre pas de progrès sensible durant une vingtaine d'années. L'espoir renaît au fur et à mesure que prend fin la « guerre froide », ce qui permet de convoquer en 1991, à Madrid, la conférence de paix sur le Moyen-Orient. On eût pu croire que dans le nouveau contexte la diplomatie américaine renoncerait à ses tentatives pour monopoliser l'action en faveur de la paix au Proche-Orient, d'autant que l'Union soviétique, relayée ensuite par la Russie, assurait avec les États-Unis la co-présidence de la conférence. Ce n'est

---

4. M. Begin devient Premier ministre en Israël le 20 juin 1977, après la victoire aux élections de mai du Likoud dont il est le leader ; il démissionnera le 15 septembre 1983.

5. E. Weizman, *The Battle for Peace*, Toronto, 1981, p. 190.

pas un hasard si, le monopole des USA s'atténuant alors, tous les acteurs du conflit – Syrie, Égypte, Jordanie, Israël et Liban – acceptèrent de participer aux travaux de la conférence, tandis que le Conseil central de l'Organisation de libération de la Palestine (OLP) approuvait la liste des membres palestiniens de la délégation jordano-palestinienne commune.

L'URSS et les USA élaborèrent le module de la Conférence de Madrid, sous la forme de pourparlers simultanés entre Israël et les États arabes, sur une base bi- et multipartite pour les problèmes communs, et entre Israël et la délégation jordano-palestinienne pour la rive ouest et la bande de Gaza. Ce module indiquait que le renoncement à des actions séparées n'impliquait aucunement que l'on ignore les mesures partielles, « à condition qu'elles s'inscrivent dans le cadre d'un règlement global ». On en venait donc au point de vue qu'avait défendu l'Union soviétique.

La Conférence de Madrid donna l'impulsion qui allait permettre d'augmenter les efforts des parties en présence. Au milieu des années quatre-vingt-dix, plusieurs séries de rencontres confidentielles ont lieu à Oslo entre des représentants d'Israël et de l'Organisation de libération de la Palestine. Elles débouchent sur un accord pour engager des pourparlers.

On note également une ouverture du côté de la Syrie mais qui se limite à tâter le terrain. Poussés par des motifs qui ne sont manifestement pas des pires, des émissaires américains font savoir à Damas, au cours d'entretiens avec des dirigeants syriens, qu'Israël est prêt, finalement, à retirer ses troupes de tout le plateau du Golan, à condition de s'entendre avec la Syrie sur d'autres problèmes. Cette perspective donne des ailes aux Syriens, comme devait me le confier leur ministre des Affaires étrangères. Le président Hafez el-Assad confirma également avoir obtenu, par les Américains, ces mêmes assurances des Israéliens.

On ne tarda cependant pas à faire machine arrière : parvenu au pouvoir, le Likoud désavoua les médiateurs américains, S. Peres s'embrouilla dans ses « éclaircissements » ; quant aux Américains, ils firent en sorte d'étouffer l'affaire et se tinrent prudemment à l'écart.

Tentative pour sauver la « formule de Madrid »

La position de la Russie était alors la suivante : malgré la nécessité de faire avancer la question palestinienne, la paix au Moyen-Orient était impossible sans une normalisation des relations avec la Syrie. Bien plus, la non-résolution du problème syrien constituait un réel danger de recul côté palestinien. Lors d'une entrevue avec le président Assad, je lui exposai comment je comprenais la position syrienne. Il admit que, d'une part, la Syrie ne voulait pas être la première à régler le problème avec Israël, mais que, d'autre part, elle ne souhaitait pas non plus être la dernière à le faire, car elle se retrouverait seule face aux Israéliens. Conscient que cette « dialectique » ne laissait qu'une très faible marge de manœuvre, Assad ajouta : « Si nous ne pouvons parvenir par nous-mêmes à un règlement global, nous pouvons au moins refuser que la Syrie affronte, seule, Israël. »

Au milieu des années quatre-vingt-dix, notamment après la venue au pouvoir du Likoud en Israël, il fut encore plus difficile d'espérer une solution rapide aux problèmes de la région. On estimait à Moscou que, dans ces conditions, il fallait tout faire pour que le processus de paix ne revienne pas en arrière. Il était donc essentiel que toutes les parties en présence parviennent à s'entendre sur deux points : premièrement, conserver ce qui avait été mis en place lors de précédents accords ; compte tenu de la longueur du processus, cela devenait d'une importance stratégique, non seulement pour les Arabes mais aussi pour Israël qui ne pouvait que s'en s'inquiéter, puisque les dirigeants arabes ne tarderaient pas à changer. Deuxièmement, tenter des avancées parallèles dans toutes les directions, avec la participation de tous les acteurs arabes du conflit.

Malheureusement, ma mission au Moyen-Orient (Le Caire, Damas, Tel-Aviv, Amman, Gaza) en qualité de ministre des Affaires étrangères de Russie, pour convaincre toutes les parties en présence d'accepter ces deux principes, ne fut pas couronnée de succès. Les dirigeants égyptiens et palestiniens approuvèrent globalement cette initiative, Damas partiellement seulement, mais Israël refusa quasiment d'en discuter.

Ma première visite en Israël en tant que ministre des Affaires étrangères remonte au début de 1996. Les travaillistes étaient encore au pouvoir. Mon homologue israélien d'alors, S. Peres, me déclara, à peine avais-je commencé à développer mes arguments : « Nous n'avons besoin que d'un médiateur et ce sont les États-Unis. » À ma visite suivante, sous le gouvernement Netanyahou, la situation s'était un peu améliorée ; en tout cas, je ne perçus pas dans les propos du chef du gouvernement le ton catégorique de Peres. Néanmoins, cela n'entraîna aucune avancée dans le sens des propositions faites par la Russie.

Il convient de dire en bonne justice qu'après l'arrivée, en mai 1999, du gouvernement Barak au pouvoir, les Américains firent beaucoup en vue d'un règlement du conflit au Moyen-Orient. Le président Clinton déclencha, en quelque sorte, l'« artillerie lourde », effectuant des voyages dans la région et accueillant maintes fois les dirigeants d'Israël et de l'Organisation de libération de la Palestine à Washington. Le Parlement palestinien retira de sa charte le principe de la liquidation de l'État d'Israël, sa grande visée jusqu'alors. Avec l'aide de la secrétaire d'État Albright, il fut possible d'envisager la conclusion d'un accord concernant le retrait progressif des troupes israéliennes de la rive ouest du Jourdain. Le mécanisme des pourparlers israélo-palestiniens fut enclenché.

Mais cela ne déboucha pas sur l'achèvement du processus de paix, qui ne s'en trouva pas même véritablement accéléré. À bien des égards, Clinton se mit à adapter sa politique moyen-orientale de manière à favoriser Al Gore, candidat à l'élection présidentielle toute proche. Certes, Clinton aurait souhaité entrer dans l'histoire comme l'homme qui avait mis fin à l'un des conflits régionaux les plus graves et les plus interminables. Cela explique qu'il n'ait pas eu une approche univoque des problèmes israélo-palestiniens.

Le Premier ministre Barak commença de son côté à porter plus d'attention à la situation intérieure de son pays : là aussi, les élections étaient proches et ses chances de l'emporter, à en croire les sondages, n'étaient pas suffisantes. Arafat, pour sa part, ne se montrait guère enclin à des décisions radicales, estimant qu'il disposait d'assez de temps pour manœuvrer.

Enfin, Clinton s'en tenait obstinément à une ligne de conduite visant à empêcher la Russie de participer « à égalité avec les autres » au processus de paix au Proche-Orient. Cela apparut clairement lors du sommet de Charm el-Cheikh en octobre 2000. Le ministère russe des Affaires étrangères fit une déclaration favorable à cette rencontre. Il fut dit en même temps que la Russie était prête à y participer, mais au même niveau que les autres. Bref, le président russe acceptait de s'envoler pour l'Égypte, ce qu'il confirma dans un entretien téléphonique avec moi.

Or il n'y eut pas d'invitation. Plus tard, le secrétaire d'État adjoint américain Mickering allèguerait que le ministre russe des Affaires étrangères avait été invité mais qu'il n'était pas venu. Le problème est justement qu'on avait convié le ministre, alors que tous les autres participants – USA, Égypte, Jordanie, Palestiniens, Israël, ONU – étaient représentés par leur numéro Un, et l'Union européenne par son plus haut responsable en matière de politique étrangère.

Dans les semaines précédant le sommet de Charm el-Cheikh, la rive ouest du Jourdain et la bande de Gaza furent le théâtre de heurts sanglants. Ils éclatèrent après la visite démonstrative du général Sharon, chef du Likoud, au voisinage de la mosquée Al-Aqsa, à Jérusalem Est.

Cette foucade de Sharon s'accompagna d'un chœur d'affirmations selon lesquelles ce lieu saint devait être placé sous la seule juridiction d'Israël (pensez donc : avant la construction de la mosquée Al-Aqsa, il y avait là une synagogue !). La réponse fut le déclenchement de la seconde Intifada, la révolte des Palestiniens de la rive ouest et de la bande de Gaza. L'arme principale des Palestiniens consistait en cailloux. On leur répondit par des tirs. Les pertes palestiniennes en vies humaines furent trois fois plus élevées que pour les Israéliens.

Les pourparlers furent stoppés.

Le principe d'un arrêt des heurts, soi-disant accepté à Charm el-Cheikh, ne fonctionna pas. Ce fut l'escalade de la violence. Clinton continuait à « jouer sa partie solo » ; du 9 au 13 novembre 2000, il rencontrait sans résultat Arafat et Barak. Parallèlement – mais, hélas, sans la participation des USA au titre de co-président de la Conférence de Madrid (essentiellement par la faute des Américains) –, la Russie agissait. Le 24 novembre, Arafat arrivait à Moscou pour rencontrer Poutine. Devant lui, le président russe téléphonait au Premier ministre israélien Barak. Il proposait à Arafat de s'entretenir avec le dirigeant israélien. L'entretien eut lieu. C'était le premier contact entre les deux hommes depuis le début de l'Intifada. Les heurts sanglants ne s'en poursuivaient pas moins. Du côté palestinien, les terroristes kamikazes entrèrent en action. Israël envoya des rockets, notamment sur des objectifs civils.

Le 9 décembre, Barak démissionnait. Du 19 au 24, des contacts israélo-palestiniens avaient lieu, avec la participation du président Clinton, sur la base américaine de Bowling. Un nouveau plan de paix américain était rendu public. Pour la première fois, il prévoyait un partage de Jérusalem : les quartiers arabes de Jérusalem Est reviendraient au futur État palestinien, les quartiers juifs à Israël. La colline du Temple (où se trouve la mosquée Al-Aqsa) était placée sous la juridiction restreinte des Palestiniens, et le Mur des Lamentations, le Quartier juif et une partie de la Vieille Ville arménienne sous juridiction israélienne. 95 % du territoire de la rive ouest du Jourdain et toute la bande de Gaza revenaient à l'État palestinien. Le droit au retour était accordé aux réfugiés palestiniens, mais sur le territoire de l'État palestinien.

De mon point de vue, l'OLP aurait dû accepter ce plan, fût-ce en imposant toute une série d'amendements. Certes, il était clair qu'à bien des égards il ne convenait pas aux Palestiniens. Néanmoins le plan Clinton faisait des avancées en leur faveur. Il eût sans doute fallu amener les Américains à camper sur ces nouvelles positions et à les développer.

Ajoutons que l'adoption des propositions américaines par la délégation palestinienne aurait au moins rendu plus difficile l'arrivée au pouvoir de Sharon en Israël, en tout cas influé sur la situation à l'intérieur du pays, atténué les passions anti-palestiniennes. Mais il n'en fut rien.

On peut penser que les Palestiniens étaient dans l'incapacité d'accepter le plan Clinton en raison de la position erronée des États arabes. Réunis en session au Caire le 4 janvier 2001, puis les 10 et 11 janvier à Tunis, les ministres des Affaires étrangères de la Ligue arabe rejetèrent toute idée de « concession à Israël », concernant les réfugiés et Jérusalem Est.

Il se peut aussi que les Palestiniens aient espéré obtenir des avantages supplémentaires lors des discussions avec les Israéliens à Taba (Égypte), d'autant que les contacts israélo-palestiniens se poursuivaient : d'abord le 11 janvier 2001 au poste frontière de Gaza sur les questions de sécurité, puis le 13 janvier où Arafat rencontrait Peres, toujours à Gaza, et examinait avec lui le plan Clinton.

Arafat était peut-être convaincu que la tactique du « rapprochement frontal » pouvait porter ses fruits. En effet, les chefs des délégations israélienne et palestinienne, Ioussi Beiline et Mahmoud Abbas (Abou Mazen) réussirent, lors des discussions des 21-27 janvier à Taba, à réduire l'écart entre les positions des deux parties, autrement plus efficacement que Barak et Arafat à Camp David en juillet 2000.

Ils en vinrent presque à un accord sur les frontières, progressèrent sur la question des réfugiés, distinguant le droit au retour des processus envisagés pour l'application de ce droit. Néanmoins, aucun acte ne fut signé. Les délégations se bornèrent à examiner les minutes de leurs entretiens consignées par l'observateur européen M. Maratinos et acceptèrent qu'elles soient rédigées sous la forme d'un document non-officiel de la Communauté européenne.

On s'en tint là. Israéliens et Palestiniens attendirent le résultat des élections en Israël, lequel fut pour une grande part prédéterminé par le cours des événements que nous venons d'évoquer.

L'incubateur du terrorisme

Le 6 février 2001, le Likoud remporte les élections avec plus de 60 % des suffrages.

Sharon est porté au pouvoir par une vague de sentiments anti-palestiniens suscités par la terreur des attentats suicides. Il durcit aussitôt la politique d'Israël à l'égard des Palestiniens. En Occident, et partiellement en Russie, l'opinion la plus répandue est alors que Sharon répond ainsi aux actes terroristes des Palestiniens. Aussi les raids de chars, les assassinats de paisibles citoyens dans les camps palestiniens et les zones d'habitation, les explosions de maisons palestiniennes n'apparaissent-ils que comme des « mesures de représailles ». Pour certains, qui manquent un peu de jugeote, cela paraît très naturel. D'autres, bien qu'acceptant la version israélienne des faits, s'insurgent contre de telles pratiques, y voyant une réaction démesurée d'Israël.

Les uns et les autres ont tort. En réalité, Sharon a simplement pris l'initiative, et les actes terroristes palestiniens, dirigés contre la population israélienne, ne font que favoriser objectivement ses plans.

Le nom du général Sharon est depuis longtemps le symbole d'une politique orientée contre la création d'un État palestinien. Dès l'arrivée du Likoud au pouvoir, le Premier ministre M. Begin propose à l'ancien général, autrefois responsable d'une unité spéciale de l'armée israélienne – un homme ambitieux et dur à l'extrême – le portefeuille de l'Agriculture, lui confiant par là même, non seulement la question de l'implantation et du fonctionnement des colonies israéliennes sur la rive ouest du Jourdain, à Gaza, sur le plateau du Golan et au Sinaï, mais pratiquement tous les problèmes liés aux terres arabes occupées.

Sous le « règne » Sharon, la politique de colonisation israélienne des terres occupées se voit brutalement activée. Sharon est le « père spirituel » de l'organisation ultra-extrémiste Gush Emounim qui se donne pour but d'installer des colonies juives sur le territoire du « Grand Israël », sans la moindre autorisation, fût-ce du gouvernement israélien au sein duquel elle a des sympathies.

Le projet de Begin et Sharon de liquider physiquement les combattants palestiniens a été à l'origine, en 1982, d'une vaste intervention d'Israël au Liban où se trouvaient les principales forces armées de l'Organisation de libération de la Palestine. Rapportant devant la commission chargée des Affaires étrangères au Sénat américain, l'ancien adjoint au secrétaire d'État et ex-représentant des États-Unis à l'ONU, George Ball, devait déclarer : « L'invasion du Liban ne fut en rien une opération défensive ; ce fut une tentative pour briser la seule opposition palestinienne légale et reconnue, afin qu'Israël pût, sans rencontrer de résistance, s'implanter plus solidement dans les territoires occupés. Telle était la situation réelle... Un jour que je m'entretenais avec le général Sharon », poursuit G. Ball, « il me laissa clairement entendre que sa stratégie à long terme consistait à chasser les Palestiniens de la rive ouest, en ne gardant sur place, comme il devait le confier à l'un de mes amis, “qu'un nombre suffisant de personnes pour le travail”. »

Le nom de Sharon est étroitement lié à l'assassinat de milliers de Palestiniens – dont des femmes et des enfants – dans les camps de réfugiés de Sabra et de Chatila au Liban. Les phalangistes libanais (l'organisation libanaise des chrétiens maronites) perpétrèrent de leur côté un crime monstrueux sur les instructions des militaires israéliens. Selon un rapport de la commission d'enquête israélienne – constituée à la demande de l'opinion publique d'Israël, indignée par la tournure des événements –, le 15 septembre 1982, le ministre de la Défense Sharon s'était rendu à l'état-major des phalangistes où il s'était entendu avec eux pour « nettoyer » les camps palestiniens. Le lendemain, Sharon observait ce « nettoyage » sanglant depuis le toit d'une maison proche de Chatila.

Les Palestiniens armés quittèrent le Liban, l'état-major de l'Organisation de libération de la Palestine trouva refuge à Tunis. Vingt ans plus tard, Sharon déclarait haut et fort qu'il avait commis une « erreur » en ne liquidant pas Arafat à Beyrouth. La haine non dissimulée de Sharon pour Arafat s'explique par le fait qu'il le considère comme un obstacle sérieux dans son projet visant à empêcher l'instauration d'un État palestinien. Cela explique aussi pourquoi Sharon s'est ouvertement prononcé contre les pourparlers israélo-palestiniens d'Oslo et les résultats obtenus à cette occasion.

Le comportement d'Ariel Sharon, au moment où il prenait la tête du gouvernement israélien en 2001, était donc parfaitement prévisible et ne pouvait être interprété de mille manières, d'autant qu'avant les élections, puis en tant que Premier ministre, il avait maintes fois tenu des propos sans ambiguïté. Voilà un homme que l'on ne saurait taxer d'inconstance.

Les faits évoqués ici, les commentaires que j'y ajoute, n'impliquent nullement un soutien, fût-il indirect, aux actes de terrorisme perpétrés contre Israël. De tels actes sont injustifiables, même dans le cas d'une contre-attaque des Palestiniens, comme sont injustifiables les actes de représailles antiterroristes des Israéliens. Répondre à la terreur par la terreur n'a jamais été une solution. Toute forme de terrorisme, de la part de kamikazes ou d'une armée régulière, conduit le règlement de la situation au Proche-Orient dans une impasse, sape les pourparlers en cours et ceux à venir, annule tous les espoirs de paix dans la région et au-delà, fait peser une épée de Damoclès au-dessus des régimes arabes modérés qui ont une politique constructive à l'égard d'Israël.

Il est notable que l'Union soviétique, et pas seulement la Russie, a toujours, quoi qu'on en dise, condamné fermement les actes terroristes au Proche-Orient, indépendamment de ceux qui les perpétraient. Nous avons toujours estimé que les opérations contre des populations civiles ne pouvaient en aucun cas être justifiées par des considérations idéologiques ou politiques du genre : « les exigences de la lutte de libération nationale » ou la nécessité « d'assurer la sécurité de ses citoyens », bref par des principes tels que « la fin justifie les moyens ». C'est pourtant ainsi qu'ont agi les extrémistes des deux camps, palestinien et israélien.

Il me revient à ce propos qu'à la fin des années soixante-dix, à la demande du Comité central du PCUS (nous n'avions alors que des ordres centralisés), je m'étais rendu à Beyrouth avec I.S. Griadounov (futur ambassadeur en Jordanie) pour persuader la direction du Front populaire de libération de la Palestine (FPLP) de cesser ses détournements d'avions. Lorsque nous nous étions enquis de la finalité de tels actes, les chefs du FPLP nous avaient répondu qu'ils voulaient que les Israéliens « finissent par ne plus le supporter et exigent de leur gouvernement qu'il entame des pourparlers » avec les Palestiniens.

En réalité – et nous le fîmes remarquer au cours de la rencontre –, les prises d'otages poussaient l'opinion israélienne dans les bras de ceux qui optaient pour des mesures extrêmes contre les Palestiniens dont l'opinion internationale se détournait peu à peu.

Les démarches de ce genre n'étaient pas toujours couronnées de succès mais, cette fois, la chance fut de notre côté. Les leaders du FPLP confirmèrent par la suite qu'ils avaient renoncé aux détournements d'avions sous la pression de l'Union soviétique.

Pour ce qui est de Sharon, jamais il n'a cessé de miser sur la terreur à l'égard des Palestiniens dont il voulait annexer les terres sur la rive ouest du Jourdain et dans la bande de Gaza, refoulant la population au-delà du fleuve. Après l'entrée de l'armée israélienne au Liban, il déclarait : « La Judée et Samara nous appartiennent... De même que Gaza et toute sa région »[1]. Après une rencontre avec le secrétaire d'État Schultz aux États-Unis, le 27 août 1982, Sharon tenait les propos suivants : « Israël n'a jamais accepté et n'acceptera jamais la création d'un deuxième État palestinien... Il en existe déjà un : la Jordanie »[2].

On peut en conclure que Sharon a toujours été et demeure un partisan d'un « plan Allon » (d'après le nom du ministre israélien des Affaires étrangères de 1974 à 1977) réactualisé. Ce plan prévoyait de disposer des troupes israéliennes dans une zone de quinze kilomètres le long du Jourdain, sur le territoire de la rive ouest (frontière militaire d'Israël) et dans une série d'autres points ; il envisageait également de garder sous contrôle israélien les colonies juives de la rive ouest et l'accès à ces colonies, en plaçant le reste du territoire de la rive ouest sous le contrôle administratif de la Jordanie. Manifestement, Sharon « n'adaptait aux nécessités modernes » que la phase finale du

1. *The Times*, 30 août 1982.
2. *Middle East International*, 3 septembre 1982, p. 6.

« plan Allon », la cession d'une partie de la rive ouest à la Jordanie.

Une fois Premier ministre, Sharon annonce la création d'une « zone tampon » sur la rive ouest, ne laissant aux Palestiniens que la moitié de leurs territoires. En mai 2002, Sharon détaille son plan, lors d'une intervention à un congrès économique à Jérusalem. Il « accepte » d'évacuer une petite partie des colonies israéliennes, dispersées et éloignées de la masse des colons ; de « céder » à « un État palestinien provisoire » près de la moitié du territoire de la rive ouest et de Gaza, l'autre moitié revenant aux colons israéliens, de même que les couloirs y conduisant et les points de cantonnement des troupes israéliennes ; de relier par des tunnels les parties de « l'État palestinien provisoire » séparées par ces couloirs. Cependant, selon Sharon, « l'État provisoire palestinien » ne pourrait être créé qu'après la « fin de la terreur », « un approfondissement des réformes démocratiques » au sein de l'Autonomie palestinienne et le remplacement de toute la direction palestinienne, Arafat compris.

Sharon prévoyait entre dix et quinze ans pour cette phase « intermédiaire » qui, dans le cas « où les Palestiniens feraient la preuve de leur maturité politique », pourrait se transformer en règlement définitif.

L'actuelle pratique de la direction israélienne, appelée, semble-t-il, à s'étendre, sème néanmoins le doute. Les explosions des maisons de parents des terroristes kamikazes ou des membres actifs des organisations palestiniennes peuvent être perçues autrement que comme une vengeance pour les crimes commis ou comme une tentative pour empêcher l'élargissement de la terreur. Ces actes visent manifestement à effrayer la population palestinienne afin de la pousser à chercher refuge hors des limites de la Palestine. On interdit aux Palestiniens l'accès aux terres prévues pour être des « cordons sanitaires » séparant Israël des territoires palestiniens. Le blocus de ces territoires, qui empêche des dizaines de milliers de Palestiniens de travailler en Israël, principale source de revenus pour leurs familles, vise également à « chasser » la population hors de la rive ouest et de Gaza.

Point important du plan de Sharon, inciter les États-Unis à frapper l'Irak. Il semblerait que la finalité ait été de mettre cette opération à profit pour « expédier » une part importante de la population palestinienne de l'autre côté du Jourdain, au titre d'opérations punitives contre ceux qui soutiennent l'Irak (or il ne fait aucun doute qu'ils sont nombreux). J'ai pu constater à quel point ce projet était sérieux en m'entretenant avec le Premier ministre jordanien, lors du forum économique de Djedda en janvier 2003. Il me confia qu'il avait tout spécialement posé le problème aux dirigeants américains qui, à l'en croire, avaient assuré la Jordanie qu'ils ne le tolèreraient pas. Ce qui veut dire que les États-Unis n'excluaient pas que les événements prennent cette tournure.

Mais il y a plus. Les raisons du soutien apporté par Israël aux frappes américaines en Irak, en dépit du danger qu'elles pouvaient représenter pour la sécurité israélienne, allaient manifestement bien au-delà d'une simple mise à profit de la situation pour combattre les

Palestiniens. On est fondé à penser que l'élite politique israélienne – et pas seulement son aile droite, même s'il ne faut pas généraliser – est favorable à une pérennisation de l'intervention militaire américaine au Proche-Orient, dans le but de « démocratiser » toute la région. L'ancien chef d'État israélien et ministre des Affaires étrangères Shimon Peres, un fidèle du « Parti travailliste », devait déclarer à propos de ce qui pourrait suivre l'intervention américaine en Irak : « Le Moyen-Orient ne saurait rester tel qu'il est aujourd'hui. Il y avait ici, et il y a encore des gouvernements qui ont fait leur temps, des régimes entièrement pourris… Je ne crois pas que les Américains changent la vision du monde de l'islam, mais ils sont en mesure de modifier les habitudes »[3].

La « solution » proposée par Sharon au problème palestinien ne raye pas seulement d'un trait de plume les accords d'Oslo, elle rejette complètement la formule proposée par le prince héritier Abdallah d'Arabie Saoudite et reprise par la Ligue arabe : la reconnaissance d'Israël en échange du retrait de ses troupes des territoires occupés en 1967. Cette formule traduisait une grande avancée de la partie arabe qui fixait jusqu'alors les frontières d'Israël à celles prévues en 1947 par l'Assemblée générale des Nations unies, autrement dit sans les territoires considérables annexés par Israël au terme de sa guerre contre la Palestine, peu après la création de son État. La formule du

3. *Vremia M.N.*, 26 février 2003, p. 7.

prince Abdallah bénéficiait du soutien sans réserve de Washington.

Le plan de Sharon a coïncidé dans le temps avec celui de Bush. Hormis une proximité de vues sur quelques points, leur coïncidence s'arrête là. Nous reviendrons sur le plan de Bush. Voyons à présent les conséquences de « l'innocente visite » du chef du Likoud aux environs de la mosquée Al-Aqsa.

Les impasses de Sharon

Après l'explosion de violence qui devait entraîner la rupture des pourparlers israélo-palestiniens, deux propositions furent faites en vue de les reprendre. Toutes deux venaient des États-Unis et se complétaient. Le plan Mitchell : la commission dirigée par l'ancien chef de la majorité au Sénat américain inclinait à créer un climat de confiance. Le plan Tenet : le chef de la CIA optait, lui, pour des mesures de sécurité. Pour résumer, les deux projets prévoyaient un cessez-le-feu, le retour des chars israéliens là où ils se trouvaient avant l'Intifada, le renoncement par Israël à la colonisation, une action des Palestiniens contre le terrorisme, la reprise des négociations.

En paroles, les deux parties approuvèrent l'un et l'autre plans. Sur le terrain, en revanche, Israël était loin de renoncer à étendre les colonies existantes et à en installer de nouvelles sur la rive ouest du Jourdain et dans la bande de Gaza. Sharon et d'autres dirigeants israéliens se firent discrets sur la question et les implantations se poursuivirent. Or c'était un des problèmes les plus « épineux ». C'est alors, en outre, que commencèrent les heurts entre Palestiniens et colons israéliens.

Israël n'accepta pas non plus la proposition Tenet de lier le cessez-le-feu à la levée immédiate du blocus des zones de peuplement palestinien. De leur côté, les Palestiniens ne remplirent pas la condition du plan Tenet d'arrêter les leaders des organisations qui revendiquaient les actes de terrorisme contre des civils israéliens.

La reprise des négociations était empêchée par les positions des Israéliens qui réclamaient un temps de répit après le cessez-le-feu, « afin de se convaincre de son sérieux ». Un « préalable à toute négociation » risquait – Sharon et son entourage ne pouvaient l'ignorer – de faire capoter l'ensemble du processus de paix. Il était impossible de faire immédiatement obstacle au terrorisme ; en l'absence, non seulement d'un État palestinien mais aussi de pourparlers sur ce point, Arafat se trouvait dans l'incapacité d'empêcher les attentats suicides isolés. Un barrage infranchissable ne pouvait être érigé – et encore, les premiers temps du moins, avec une fiabilité limitée – qu'au travers d'un accord de compromis israélo-palestinien, envisageant la création d'un véritable État palestinien sur la rive ouest du Jourdain et dans la bande de Gaza, en même temps que serait élaboré, conjointement avec Israël, un mécanisme permettant à cet État d'agir contre le terrorisme. Dans ces conditions seulement, une réelle possibilité d'assurer la sécurité d'Israël se ferait jour.

On fit les frais, au bout du compte, du manque de cohésion des plans Mitchell et Tenet, de l'imprécision de leur calendrier et, plus encore, de l'absence d'un mécanisme international capable d'amener les parties concernées à un compromis.

Le résultat fut qu'aucun des deux plans ne mit un terme aux affrontements et, dans ce contexte, on en arriva très logiquement à une escalade de la violence. Les explosions se déplacèrent, gagnant le territoire proprement israélien. Les blindés de Tsahal firent irruption dans les villes palestiniennes, d'abord pour de simples raids, ensuite pour une seconde occupation des territoires palestiniens d'où les troupes israéliennes s'étaient retirées au terme des négociations engagées sous l'égide des Américains, après les accords d'Oslo. Les morts civiles ne se comptèrent plus. La direction palestinienne était impuissante à la fois à faire cesser la terreur contre la population israélienne et à contrer les « opérations de représailles » de Tsahal.

À la fin du mois de mai 2001 – je conduisais alors le groupe « La Patrie-toute la Russie » à la Douma –, j'eus l'occasion de voyager dans une série de pays arabes. Je rencontrai le président syrien Assad, le président égyptien Moubarak, les dirigeants de Jordanie, le Secrétaire général de la Ligue arabe Moussa et bien d'autres. Une énorme tension était perceptible dans tous ces pays, que l'on ne pouvait pleinement ressentir de l'extérieur. Le célèbre chroniqueur égyptien Heikal, que je connaissais bien, me dit : « La certitude que les Palestiniens sont condamnés, poignardés par ceux qui, hier encore, les tenaient pour des partenaires dans les négociations, décourage l'élite arabe. Le caractère sans issue de la situation risque de soulever la rue et de rejaillir sur les régimes arabes qui continuent d'entretenir des relations diplomatiques avec Israël [il songeait à l'Égypte et à la Jordanie.] Sans intervention décisive de l'extérieur, toute la région plongera dans le chaos. » Ces paroles étaient l'exact reflet de la réalité.

Le président Moubarak devait ajouter pour sa part : « Il est indispensable que la Russie et l'Europe disent leur mot. Sans cela, jamais les négociations israélo-palestiniennes ne reprendront. Sans cela, ni le plan Mitchell ni l'initiative jordano-égyptienne n'auront une chance de se réaliser. » Pour lui, le retrait des troupes israéliennes jusqu'aux frontières d'avant l'Intifada était la condition préalable à toute reprise des négociations.

Pouvait-on estimer qu'il restait malgré tout des chances de normalisation ? La partie arabe – j'ose l'affirmer –, y compris les Palestiniens sur lesquels les dirigeants des États arabes exerçaient une grande influence, y était prête.

Invité à Londres, au cours de l'automne 2001, à un séminaire organisé sur les questions économiques par la Banque européenne de reconstruction et de dévelop-pement (BERD), j'y rencontrai deux délégués de l'Autonomie palestinienne. Nos entretiens me convainquirent que les Palestiniens continuaient de voir une issue dans les plans Mitchell et Tenet, à condition que leur mise en application fût effective et sérieusement contrôlée.

Au terme de cette conversation, je publiai un article dans le journal londonien *Ash-Sharq al-Awsat,* dans lequel j'avançais les propositions suivantes : ne pas se contenter d'une nouvelle déclaration de cessez-le-feu de part et d'autre, mais mettre en place sans délai des mesures concrètes visant à garantir le respect de ce cessez-le-feu ; contraindre Israël à retirer immédiatement ses troupes ainsi qu'à renoncer publiquement à ses projets d'anéantir les dirigeants et activistes du mouvement palestinien ; annuler l'ordre d'ouvrir préventivement le feu sur tout Palestinien armé, car ceux qui tenteraient d'empêcher la préparation et la réalisation d'actes terroristes pourraient être armés[1]. Et du côté palestinien : prendre des mesures concrètes pour empêcher le terrorisme et les annoncer publiquement.

Je proposais également que le gouvernement israélien confirme clairement l'arrêt de toute implantation. Cela pouvait se faire par un accord préalable, parallèlement à une déclaration palestinienne acceptant le maintien d'une série d'implantations israéliennes sur la rive ouest. Lors d'une intervention à Washington sur les problèmes politiques au Proche-Orient, l'ancien négociateur américain D. Ross avait affirmé qu'à Camp David les Palestiniens envisageaient des concessions importantes. Ne pouvaient-elles être reprises si Israël renonçait, de son côté, à élargir ses implantations ?

---

1. Le chef des Services palestiniens déclara alors que ceux-ci ne pouvaient remplir leurs obligations si Israël ne libérait pas des centaines de leurs collaborateurs, arrêtés sur la rive ouest du Jourdain et dans la bande de Gaza.

Il eût convenu, aussitôt après cet échange de déclarations, de se rasseoir à la table des négociations. Il était clair qu'il serait impossible, dans un premier temps, d'éviter les excès et que, seule, la volonté des parties en présence de faire fonctionner le processus de négociations serait à même de stabiliser la situation.

J'insistais dans mon article sur la nécessité d'accepter d'emblée une intervention internationale à deux niveaux :

1) Élargissement de la mission de médiation – USA, Russie, Union européenne, ONU et, peut-être, Égypte et Jordanie, deux pays entretenant, on le sait, des relations avec Israël.
2) Présence sur place d'observateurs inter-nationaux, sous l'égide de l'ONU.

La Russie – je suis bien placé pour le savoir – a fait beaucoup pour changer la situation au Proche-Orient. En témoignent les innombrables entretiens téléphoniques du président Poutine avec Clinton, Barak, Arafat, Assad, Moubarak, Bush, Blair, Chirac, Schröder et bien d'autres. L'activité déployée par le ministère des Affaires étrangères de la Fédération de Russie, les rencontres du ministre Ivanov avec le secrétaire d'État américain Powell et ses homologues d'autres pays étaient en grande partie consacrées aux problèmes du Moyen-Orient. Les voyages de I.S. Ivanov au Proche-Orient, ses entretiens avec le leader palestinien, les dirigeants d'Israël, d'Égypte, de Jordanie, de Syrie, du Liban, d'Arabie Saoudite, du Koweït, d'Irak, avaient pour objet le règlement de la crise dans la région. Cependant, l'administration américaine n'était guère encline, alors, à s'engager activement ; or sans cela, aucun règlement ne pouvait être envisagé.

La Russie a tenté, non seulement de trouver des solutions stratégiques au conflit israélo-arabe, mais encore de fixer, en temps réel, des objectifs optimaux susceptibles, ne fût-ce que provisoirement, de réduire un peu la tension, en préparant simultané-ment le terrain pour une décision d'ensemble qui s'annonçait ardue. Je n'en veux pour exemple que la visite à Moscou du ministre israélien des Affaires étrangères, Shimon Peres, au plus fort des événements, en mai 2001. Les dirigeants russes insistèrent alors sur la nécessité de relâcher la pression – inefficace – sur les Palestiniens et de renoncer aux « opérations de représailles » qui ne conduisaient qu'à une escalade de la violence. Le président Poutine souligna pour sa part que la Russie s'élevait contre toute forme de terrorisme, de quelque côté que ce fût, mais que si les bombes de kamikazes isolés étaient suivies de raids aériens sur des quartiers d'habitation, de la destruction d'objectifs civils et de la mort de centaines de personnes, cela ne faisait qu'attiser les passions, sans mener nulle part. Et si l'on s'imaginait qu'il suffisait d'un mot d'Arafat pour mettre fin à l'Intifada, on se trompait lourdement. Le conflit entre Palestiniens et Israéliens avait pris une telle ampleur que les paroles, les appels étaient désormais impuissants.

Au cours des entretiens avec Shimon Peres, deux propositions concrètes furent avancées : tenir un nouveau sommet à Charm el-Cheikh pour envisager une autre forme – plus large – de médiation internationale, et se conformer aux prescriptions du Secrétaire général des Nations unies, Kofi Annan, concernant le Moyen-Orient. Les adversaires de K. Annan qui, en son temps, s'était rendu à Bagdad, alléguaient qu'il n'avait alors pratiquement rien fait pour « ramener l'Irak à la raison ». On sait pourtant que tout au long de la crise irakienne, on est parvenu plusieurs fois à éviter une opération armée des USA contre Bagdad, en obligeant l'Irak, par la voie politique, à se soumettre aux Résolutions du Conseil de sécurité de l'ONU. L'un de ces succès, notamment, est directement lié à la mission de K. Annan en Irak. Et si, par la suite, il n'a pas été possible d'éviter le recours à la force, la responsabilité n'en incombe pas à Kofi Annan mais essentiellement au président de la Commission spéciale de l'ONU, Butler, qui a joué – et d'autres avec lui – un rôle manifestement provocateur.

Formulées lors des entretiens avec S. Peres, les propositions de la Russie, sans être rejetées, ne furent malheureusement pas mises en pratique.

Cependant, l'escalade de la violence se poursuivait. Malgré les protestations de l'opinion publique internationale, Israël réoccupa des villes palestiniennes. Les réactions en Occident furent telles que les dirigeants israéliens multiplièrent les déclarations, se disant prêts à effectuer un retrait imminent. Or, si Tsahal quittait effectivement, ici ou là, une ville de la rive ouest, c'était pour aussitôt entrer dans une autre. On atteignit un point culminant avec les raids israéliens dans les camps palestiniens, causant la mort de centaines de personnes.

Dans le même temps, Sharon s'en prenait personnellement à Arafat. Le bunker de ce dernier dans la ville de Ramallah fut encerclé par les blindés israéliens. Arafat se vit ainsi coupé du monde. Sharon déclara qu'il ne le reconnaissait pas comme leader des Palestiniens. Des voix s'élevèrent en Israël, appelant à liquider physiquement Arafat ou à lui faire quitter de force le territoire de l'Autonomie palestinienne. Il devint clair que Sharon s'ingéniait à enterrer une bonne fois pour toutes l'idée d'un État palestinien. Il est notable que, durant cette période, Sharon ne manqua pas de souligner dans ses déclarations non seulement la « nécessité du départ d'Arafat » mais aussi que les accords d'Oslo et les résultats obtenus lors des négociations israélo-palestiniennes étaient désormais nuls et non avenus.

Sharon ne parvint toutefois pas à en finir complètement avec Arafat. Le monde arabe s'émut et exprima tout entier son indignation. En Jordanie – fait très remarquable pour un pays d'orientation pro-occidentale, qui entretient de surcroît des relations diplomatiques avec Israël –, les manifestations de protestation furent conduites par la reine. Ces événements amenèrent sans nul doute l'Union européenne à durcir sa position à l'égard d'Israël.

Le 12 mars 2002, les USA votèrent, avec d'autres, la résolution du Conseil de sécurité de l'ONU, soutenant le projet de créer un État palestinien. Le 4 avril, le président Bush annonça qu'il envoyait le secrétaire d'État

Powell au Proche-Orient ; il appelait Israël à cesser ses incursions armées sur le territoire de l'Autonomie palestinienne et à retirer ses troupes des villes qu'elles y occupaient. Le secrétaire américain faisait état, pour sa part, de son intention de rencontrer Arafat à Ramallah. Un entretien téléphonique du président de la Russie avec Arafat apparut alors également comme un puissant soutien au leader palestinien.

Comment expliquer ce revirement dans la politique moyen-orientale des États-Unis ? Les dirigeants américains, à commencer par le secrétaire d'État Powell, prirent soudain conscience qu'ils avaient besoin du soutien des régimes musulmans modérés (parmi lesquels les USA incluent le Pakistan) dans leur lutte contre le terrorisme international. Ce n'est qu'après le 11 septembre 2001 que Bush se prononça en faveur de la création d'un État palestinien et contre les décisions de Sharon, par crainte qu'elles n'entraînent une réaction très dure, non seulement des Palestiniens mais encore de l'ensemble du monde musulman. Les motifs de ce « revirement » sont développés par B. Scowcroft, chargé des questions de sécurité auprès de Bush père, du temps où ce dernier était à la présidence. Dans un article paru dans l'*International Herald Tribune*, il écrit que la formation d'une coalition pourrait « être autrement plus bénéfique que ne le laisse espérer la grande mission qu'elle aurait à remplir : la mise en échec du terrorisme. Elle pourrait aider les USA à se défaire de leur réputation d'État guidé par ses seuls intérêts et indifférent, pour ne pas dire méprisant envers les autres... Cela aiderait à débloquer jusqu'aux problèmes qui semblent impossibles à résoudre pour plusieurs générations, tels que, par exemple, la confrontation israélo-arabe »[2].

Ainsi les événements du 11 septembre entraînent-ils une remise en cause partielle de la politique américaine au Proche-Orient. Les changements, néanmoins, demeurent très relatifs et restreints. Il ne s'agit à aucun moment d'une réorientation des USA ni d'un rééquilibrage de leur position dans le conflit israélo-palestinien. La petite avancée des États-Unis en direction des Palestiniens ne tarde pas à être contrebalancée par des gestes en faveur des Israéliens.

C'est peut-être la première fois que la politique de Sharon déclenche une vague aussi impressionnante de mécontentement international. Il ne renonce pas pour autant à l'idée de se « débarrasser » d'Arafat. Au terme de vifs débats dans la nuit du 2 au 3 mars, au sein du cabinet israélien, Sharon annonce aux officiers de Tsahal qu'il n'a pas perdu l'espoir d'expulser le leader palestinien. Il évoque la « venue imminente » d'une délégation européenne qui veut convaincre Arafat de « prendre un billet d'avion, aller simple ». Il me faut ici dire quelques mots de la visite que me fit à Moscou, en mars 2002, l'ancien ministre italien des Affaires étrangères, Gianni de Micheles, aujourd'hui très actif dans le mouvement socialiste international. Il me proposa – et j'en fus ébahi à l'époque – de me rendre

2. Brent Scowcroft, « Building a Coalition is the Way to Win This War », *International Herald Tribune*, 17 octobre 2001.

avec lui sur le territoire de l'Autonomie palestinienne, afin que, mettant à profit mes relations de longues années avec Arafat, je le persuade de renoncer à diriger l'OLP et de quitter les limites de la Palestine. Cela permettrait, me dit-il, de détendre l'atmosphère. Il va de soi que je refusai catégoriquement.

Sharon qualifia d'« erreur grossière » la rencontre Powell-Arafat. Il était manifestement prêt à refuser d'envisager avec les USA, fût-ce vaguement, l'avenir d'Arafat, tout en sachant qu'il ne devait pas créer de tension avec les États-Unis, car nombreux auraient été ceux en Israël, y compris parmi ses partisans, qui ne l'auraient pas suivi.

N'ayant pas obtenu la bénédiction de Bush, Sharon n'osa pas faire expulser Arafat. Il ne l'obtint pas plus, semble-t-il, lors de sa visite, en mai, à Washington : Bush avait malgré tout pris en compte la position des principaux pays arabes, notamment de l'Égypte.

Sharon ne pouvait en outre ignorer la situation intérieure de son pays, en particulier la déclaration du ministre de la Défense, Ben-Elizar, qui dirigeait alors le Parti travailliste, selon laquelle son parti quitterait immédiatement la coalition gouvernementale si la décision était prise d'expulser Arafat. Il apparaît donc qu'en dépit du très fort sentiment anti-palestinien qui régnait en Israël, Sharon ne parvint pas à rassembler un soutien suffisant pour réaliser son plan.

Parallèlement, il devenait de plus en plus clair que les actes de terrorisme poursuivis par les Palestiniens contre les civils israéliens faisaient le jeu de ceux qui, en Israël, refusaient tout compromis. Arafat et son entourage le comprenaient et, avec le soutien de l'Égypte et d'autres pays arabes, ils tentèrent, mais sans succès, de mettre un terme aux attentats suicides. Ces attentats permirent à Sharon d'éloigner de plus en plus Israël du processus initié à Oslo. C'est ainsi qu'après le massacre, le 15 novembre 2002, d'un groupe de colons à Hébron, Sharon déclara caduc le Protocole d'Hébron de 1997 ; or, c'était l'unique accord israélo-palestinien de la période de transition. Il prévoyait un statut provisoire pour Hébron, sous contrôle civil international. Parallèlement, les dirigeants israéliens annonçaient que le plan de restauration de la sécurité, élaboré avec les Palestiniens au cours de l'été 2002 et qui devait commencer par Bethléem, « n'était plus de mise ».

L'unique chance

Au début de juin 2002, les États-Unis proposent unilatéralement un nouveau plan de règlement du conflit, connu sous le nom de plan Bush. Son point positif est sans conteste la proclamation de la création d'un État palestinien comme objectif majeur du processus de paix. Les troupes israéliennes cantonnées sur la rive ouest du Jourdain et dans la bande de Gaza y sont qualifiées d'armées d'occupation. C'est manifestement un pas en faveur des Arabes. Il est également proposé un délai de trois ans pour que l'État palestinien soit définitivement créé, sans toutefois que les frontières en soient précisées durant cette période.

Le passage d'un État « intérimaire » à une structure étatique pleine et entière est conditionné à des réformes du côté palestinien et au remplacement obligatoire des dirigeants du moment. De ce point de vue, le plan Bush semble reprendre les positions de Sharon, ce dont Washington se défendait jusque-là.

Quelles sont donc les possibilités de régler le conflit dans ce nouveau contexte ? Une chose est sûre, le processus ne peut démarrer que par un cessez-le-feu. Cependant, la réussite ne pourra être totale que si la responsabilité en est assumée par une entité « extérieure » qui ne se contentera pas de relancer les négociations israélo-palestiniennes, mais élaborera elle-même un plan de compromis.

L'idée d'élargir la mission de médiation commence donc à se concrétiser, non sans résistance bien sûr du côté israélien, ni volonté des États-Unis – on ne tardera pas à s'en apercevoir – d'être à nouveau les seuls à mener le jeu. Néanmoins, aussitôt après la création du groupe des quatre médiateurs internationaux sur la question du Proche-Orient – représentants des États-Unis, de la Russie, de l'Union européenne, de l'ONU –, les USA en soutiennent l'action. Le 2 mai 2002, les « quatre » se réunissent. Le 24, dans le cadre de la rencontre au sommet russo-américaine, une déclaration commune est faite sur la situation au Moyen-Orient, précisant que la Russie et les USA tiennent à mettre à profit cette rencontre internationale pour donner une impulsion sérieuse à l'instauration de la paix dans la région.

À la mi-septembre 2002, les « quatre » proposent un plan de règlement du conflit israélo-palestinien. Son objectif final est la création d'un État palestinien. Le plan comprend trois étapes. Avant la fin 2002, il est prévu qu'Israël retire ses troupes des territoires palestiniens et que celles-ci en reviennent aux positions qu'elles occupaient avant le 28 septembre 2000, autrement dit avant que la situation ne se dégrade considérablement : la ligne « intermédiaire » jusqu'à laquelle doit reculer Tsahal a été fixée lors des négociations israélo-palestiniennes interrompues, sur la base des accords passés à Oslo. Dans le même temps, les Palestiniens doivent accentuer leur lutte contre le terrorisme.

Cette première phase du plan prévoyait aussi, au début de 2003, la tenue d'élections en Palestine. Ce scrutin était indispensable, dans la mesure où Sharon s'acharnait à détruire – et il y est parvenu – les infrastructures de pouvoir dans les territoires palestiniens. En parallèle, une session, au niveau ministériel, du Comité provisoire de coordination serait convoquée afin d'envisager le développement économique de la rive ouest du Jourdain et de la bande de Gaza. L'importance de cette rencontre était évidente, car les pays arabes, surtout producteurs de pétrole, pouvaient devenir les principaux financiers du développement économique et social du futur État palestinien. Il était essentiel d'intégrer Israël à ce processus, prenant par là même en compte ses liens économiques étroits avec la rive ouest et Gaza. Israël devait en premier lieu renoncer à son blocus des territoires palestiniens et mettre d'emblée un terme à ses implantations – ce point était également souligné dans la déclaration de la mission de médiation internationale au Proche-Orient.

La deuxième phase du plan était prévue pour l'année 2003 et proposait la création d'un État palestinien avec des frontières temporaires. Il est à noter qu'il ne s'agissait que d'une transition vers un statut définitif, fondé notamment sur l'arrêt de l'occupation imposée par Israël depuis 1967.

Il s'agissait également d'une avancée dans le sens d'un règlement du conflit israélo-arabe « sur la base des Résolutions 242, 338 et 1397 du Conseil de sécurité des Nations unies, de la Conférence de Madrid, du principe : "la terre contre la paix" et de la mise en pratique de tous les accords existants entre les parties en présence ». Les « quatre » réaffirmèrent « toute l'importance de l'initiative saoudienne, approuvée par le sommet de la Ligue arabe à Beyrouth et vitale pour faire progresser la paix mondiale à tous les niveaux, y compris dans les contentieux israélo-syrien et israélo-libanais. »

La troisième phase – 2004-2005 – visait, sur la base des négociations israélo-palestiniennes, à résoudre toutes les questions concernant le statut de l'État palestinien.

Il fut annoncé que les « quatre » veilleraient constamment à ce que les parties en présence respectent scrupuleusement les points prévus par la « feuille de route », comme on baptisa leurs propositions. Il va de soi que les « quatre » axèrent une grande partie de leurs efforts sur les questions de sécurité. À cet égard, la mission internationale appela les Palestiniens à réformer leurs Services spéciaux, à renforcer l'ordre public, à combattre la terreur. Sur leur recommandation, Israéliens et Palestiniens devaient reprendre leur collaboration dans le domaine de la sécurité.

La tenue d'une conférence sur le règlement des problèmes du Proche-Orient fut reportée à un « moment plus propice ».

Il convient de souligner la charge incontestablement positive des initiatives de la mission de médiation internationale renouvelée : les « quatre » soumirent leurs propositions et recommandations aux ministres des Affaires étrangères d'Égypte, de Jordanie, du Liban, d'Arabie Saoudite, de Syrie – en tant que représentants du comité de la Ligue arabe –, ainsi qu'à des représentants d'Israël et de l'Autonomie palestinienne.

Tout cela ne fut possible que parce que la Russie et les USA rapprochèrent leurs positions. Il n'en demeure pas moins que la suite des événements au Proche-Orient est, hélas, imprévisible. Le gouvernement de Sharon a mené une campagne diplomatique intense à Washington, afin de pousser l'administration américaine à faire traîner en longueur l'application de la « feuille de route ».

Si tout devait néanmoins se dérouler comme prévu, le moment le plus critique serait celui où l'on aborderait, à la table des négociations, le dossier du statut définitif de l'État palestinien : définition de ses frontières, statut de Jérusalem, sort des réfugiés et des colons juifs dans les territoires occupés. Il me paraît évident que les « quatre » ne doivent pas se contenter de mettre au point le calendrier du règlement du conflit israélo-palestinien. Il leur faut simultanément proposer aux parties en présence, pour 2004, des solutions de compromis à tous ces problèmes.

Au bout du compte, seules des mesures de compromis imposées de l'extérieur semblent de quelque perspective. On ne peut d'ailleurs exclure qu'un certain nombre de Palestiniens et d'Israéliens, y compris parmi les responsables des deux camps, n'attendent que cela pour calmer leurs extrémistes. Ils pourraient alors alléguer qu'il n'y avait d'autre issue que d'accepter le plan proposé, sauf à risquer de se mettre tout le monde à dos.

Au demeurant, on pourrait rappeler à ceux qui rejettent l'idée d'une intervention extérieure sous forme de pression exercée sur les deux camps à la fois, que l'État d'Israël n'est pas né au terme de négociations entre Arabes et Juifs, mais qu'il a été imposé par la communauté internationale : les Arabes ont été placés devant le fait de la fondation de l'État hébreu, les Juifs devant celui de la création d'un État supplémentaire en Palestine, et les uns et les autres ont dû accepter la définition des frontières et du statut de Jérusalem.

Pourquoi ne pas reprendre ce type d'action de la communauté mondiale dans le cadre de la création d'un État palestinien, ainsi que pour la définition de ses frontières, la place de Jérusalem et la question du retour des réfugiés palestiniens ?

L'idée d'un plan de compromis mis au point de l'extérieur et imposé aux parties en présence compte des partisans de plus en plus nombreux. Cela se comprend d'autant mieux qu'on ne voit guère d'alternative réelle pour sortir enfin de ce conflit sanglant. « Tous doivent être absolument conscients qu'il est simplement impossible de parvenir à un accord par la seule bonne volonté des parties en présence. » Ces paroles ont été prononcées par l'ancien ministre Shlomo Ben-Ami, l'un des leaders du Parti travailliste israélien[1]. L'idée d'obliger les deux camps à adopter un plan international de règlement du conflit a également été formulée du côté palestinien, notamment par Sari Nasseibi, représentant officiel palestinien à Jérusalem.

Steven Everts, responsable du Centre des réformes européennes à Londres, fait justement remarquer : « Il n'est pas exclu que la situation actuelle nécessite le recours à une forme de thérapie de choc. Après les événements du 11 septembre, les pays européens et les États-Unis ont encore plus intérêt à contraindre les parties en présence à accepter une solution qu'elles sont incapables d'imaginer par elles-mêmes. Cette solution doit leur être proposée toute prête, sous une forme indiscutable, puis complétée par un engagement à la mettre en pratique, stipulant que les USA et la Communauté européenne s'en porteront garants » (laissons à l'auteur de ces lignes la responsabilité de son oubli de la Russie, comme si cette dernière ne comptait pas au nombre de ceux qui peuvent garantir un règlement du conflit israélo-palestinien)[2].

M'entretenant sur ce sujet avec Scowcroft lors de son séjour à Moscou au printemps 2001, j'ai pu me convaincre que nos points de vue convergeaient en grande partie.

Le processus de paix au Proche-Orient est désormais une sorte de polygone où, après les événements

1. *Financial Times*, 31 octobre 2001.

2. *Evropa posle 11 sentiabria 2001 g.* (*L'Europe après le 11 septembre 2001*), recueil d'articles, Moscou, 2002, pp. 42-43.

du 11 septembre, il est possible d'élaborer, dans un contexte certes délicat, des modes d'action politique collective de la communauté mondiale et, en premier lieu, des USA et de la Russie, en vue d'un juste règlement des conflits régionaux et en particulier de la gestion des situations de crise. L'avenir nous dira si cela entrera dans l'arsenal des moyens appelés à assurer la stabilité du monde au XXIe siècle.

En ce qui concerne le conflit du Moyen-Orient, il est très difficile de se montrer « résolument optimiste ». En janvier 2003, des élections extraordinaires ont eu lieu à la Knesset, au terme desquelles Sharon a encore renforcé sa position…

LA GUERRE ANTITERRORISTE DES USA

Les décisions unilatérales, alternative à l'Organisation des Nations unies

Si le processus de paix au Proche-Orient est à même de liquider les causes de l'accroissement du terrorisme mondial, il reste, malgré toute son importance, un « polygone » restreint dans l'espace et le temps. Un indicateur est ici essentiel : la capacité à inverser la tendance qui veut qu'on abandonne les mécanismes de l'ONU au profit de l'action unilatérale ou concertée d'États considérés comme les principaux acteurs de la scène mondiale.

À la fin du XXe siècle, le développement de cette tendance a conduit à l'emploi de la force armée contre la Yougoslavie souveraine, en contournant l'Organisation des Nations unies. Le 20 mars 2003, sans avoir obtenu la sanction du Conseil de sécurité de l'ONU et, pour tout dire, en ignorant ouvertement son avis, les États-Unis et la Grande-Bretagne attaquaient l'Irak.

S'agit-il d'un système définitivement mis en place pour remplacer l'ordre mondial fondé sur le rôle de l'ONU ?

L'Organisation des Nations unies a été créée à la fin de la Seconde Guerre mondiale. On peut se montrer insatisfait de son action, mais il n'en demeure pas moins qu'elle a joué un rôle capital dans la régulation des relations internationales, empêchant la « guerre froide » de dégénérer en troisième conflit mondial. Or, n'oublions pas que, dans la seconde moitié du XXe siècle, nombreux ont été les heurts qui ont conduit l'humanité au seuil de la catastrophe.

Le principal frein aura été, bien évidemment, l'arme nucléaire que détenaient l'URSS et les USA, dirigeant chacun les deux camps engagés dans une confrontation sans concession, ainsi que la Chine qui s'opposait à chacun d'eux. Deux autres pays, la France et la Grande-Bretagne, dont le potentiel nucléaire était considérablement moindre, entraient, de fait, dans le bloc militaire de l'OTAN conduit par les États-Unis, et n'ont jamais pris d'initiative réelle. Le danger du recours à l'arme nucléaire était donc limité par ceux-là mêmes qui la détenaient et qui risquaient de voir les tensions entre eux se transformer en guerre totale, sans vainqueurs ni vaincus.

Dans le même temps, la menace de destruction mutuelle pouvait pousser les puissances nucléaires à agir en toute impunité, leur délier les mains, ce qui, dans un certain sens, s'est produit, mais seulement dans un cadre restreint. Le monde n'a pas sombré dans le chaos au cours de la seconde moitié du XXe siècle, parce que les principaux États – et en premier lieu les puissances nucléaires –, devenus membres permanents du Conseil de sécurité de l'ONU, se sont engagés à respecter les règles fixées par cette organisation internationale.

L'article 4 de la Charte de l'ONU – qui prône le principe : « Tous les membres de l'Organisation des Nations unies doivent s'abstenir, dans leurs relations internationales, de recourir à la menace de la force ou à son emploi, tant à l'encontre de l'intégrité territoriale et de l'indépendance politique de n'importe quel État, que de toute autre façon incompatible avec les objectifs des Nations unies » – a joué un rôle déterminant.

Le droit de recourir à la force n'est toléré qu'en réponse d'un ou de plusieurs États à une agression armée contre un membre de l'ONU. En d'autres termes, l'ONU reconnaît le droit des États à se défendre individuellement ou collectivement. Parallè-lement, l'Organisation des Nations unies permet de réagir aux « menaces contre la paix, aux violations de la paix et aux actes d'agression ». Le chapitre VII de sa Charte explique ainsi la marche à suivre : tout d'abord, le Conseil de sécurité établit la réalité d'une telle menace, puis il exige des intéressés qu'ils prennent « les mesures provisoires qui lui semblent nécessaires ou souhaitables » ; dans le cas contraire (ce qui est également prévu par le Conseil de sécurité), cet organe peut exiger des membres de l'ONU une rupture complète ou partielle des relations économiques, des communications ainsi que des relations diplomatiques ; et si même cela se révèle insuffisant (là encore, c'est au Conseil de sécurité de statuer sur ce point), il « est mandaté pour lancer toutes les opérations – par terre, mer ou air – qui lui sembleront indispensables au maintien ou à la restauration de la paix et de la sécurité internationales ». À la demande du Conseil de sécurité, les membres de l'ONU mettent à sa disposition leurs forces armées ou obtiennent le droit de les utiliser.

À chaque étape, on le voit – depuis la définition d'une situation exigeant le recours à la force jusqu'à l'autorisation de son emploi –, le rôle, non seulement dirigeant mais exclusif dans la prise de mesures contre ceux qui brisent la paix, est entièrement dévolu à cet organe collectif qu'est le Conseil de sécurité de l'ONU. Le droit de veto reconnu à chacune des cinq grandes puissances exclut toute possibilité d'utiliser les fonctions du Conseil de sécurité à des fins concernant strictement l'un ou l'autre de ces États.

Il y a plus. La Charte de l'ONU limite strictement le recours à la force ainsi que l'ingérence dans les affaires intérieures des États au maintien et au rétablissement de la paix internationale. L'article 7 souligne à quel point ces processus sont non seulement distincts mais encore incompatibles : « La Charte ne donne en aucun cas à l'Organisation des Nations unies le droit de s'immiscer dans des affaires ressortissant en réalité à la compétence intérieure de n'importe quel État. » Dans le même article, le principe du recours à la force concerne exclusivement les mesures de contrainte prévues par le chapitre VII.

Ce mécanisme, qui garantit « les règles de conduite » des principaux acteurs de la scène internationale et dont dépend, de fait, la stabilité à l'échelle mondiale, fonctionnait au temps de la « guerre froide ». Toutefois, après l'effondrement de l'Union soviétique, qui laissa les États-Unis occuper, seuls, les positions qui étaient naguère celles des deux superpuissances, la situation change. Dans la seconde moitié des années quatre-vingt-dix, la démonstration en est faite, très concrètement, par les événements d'Irak. Effectuant des frappes aériennes sur ce pays et interdisant unilatéralement son espace aérien, les États-Unis, soutenus par la Grande-Bretagne, commencent à agir en dehors de l'ONU. Puis viennent les opérations militaires contre la Yougoslavie.

Intervenant le 22 avril 2002 à Harvard, dans le cadre d'un colloque d'experts de droit international, l'ancien Premier ministre australien M. Fraser faisait justement remarquer : « En l'occurrence, la seule sanction pouvant émaner de l'ONU consistait à contenir les USA. Or, l'objectif ne fut pas de mettre en place un meilleur système international, mais de contraindre l'ONU à approuver une politique acceptable pour les États-Unis. »

C'est exactement ce qui s'est passé. Dans un premier temps, le contournement de l'ONU s'accompagna d'une volonté de lui « arracher », ne fût-ce qu'à retardement, une semi-reconnaissance de la légitimité des actions entreprises. Ce fut particulièrement clair dans le cas de la Yougoslavie.

En 1999, sans la sanction du Conseil de sécurité de l'ONU, les États-Unis commencent à bombarder la Yougoslavie au nom de l'OTAN, accusant Belgrade de persécuter la population albanaise du Kosovo et exigeant le retrait immédiat des troupes yougoslaves de cette partie du territoire (rappelons que le Kosovo était alors reconnu – et l'est toujours – comme une entité territoriale de la Yougoslavie).

Les États-Unis et une série de membres de l'OTAN qui, peu auparavant, considéraient la fameuse Armée de Libération du Kosovo (UČK) comme une organisation terroriste, se mirent soudain de son côté, alors même qu'elle revendiquait ouvertement la sécession du Kosovo et la création de la « Grande Albanie ».

Motivant leur opération par les « répressions de masse contre les Albanais du Kosovo », les organisateurs de l'intervention de l'OTAN créèrent une situation permettant, sous la pression directe des Albanais, une expulsion massive des Serbes de la région. Par son intervention, l'OTAN, qui se fixait parmi ses tâches principales de lutter contre l'extrémisme, favorisa la tendance à instaurer un État islamique extrémiste au cœur même de l'Europe.

La « tumeur » du Kosovo a étendu ses métastases à d'autres pays, comme en témoigne l'essor du séparatisme albanais en Macédoine. L'intervention de l'OTAN n'a pas conduit à la stabilité au Kosovo : l'apparence de stabilité que l'on y constate aujourd'hui durera, sans doute, jusqu'au retrait des forces de l'OTAN. Et après ?

Tout cela vient du fait qu'une appréciation subjective de ce qui se passait en Yougoslavie l'a emporté sur le principe onusien de non-ingérence dans les affaires intérieures des États ; des mesures servant les intérêts mal compris d'un État, ont en outre pris le dessus sur les mesures collectives basées sur la Charte de l'ONU et éprouvées par le temps.

Comprenant manifestement la fragilité, sur le plan du droit international, de l'intervention de l'OTAN en Yougoslavie, l'administration Clinton tenta de la présenter, non pas en opposition à l'Organisation des Nations unies, mais comme liée à elle ou peu s'en faut. C'est ainsi que le vice-président Al Gore voulut me convaincre – j'étais alors chef du gouvernement de Russie – que les bombardements de la Yougoslavie ne contredisaient en rien la Charte de l'ONU et « reflétaient le cours des discussions au Conseil de sécurité ». Pour comprendre à quel point ces « explications » n'ont rien de commun avec la réalité, il suffit d'évoquer les déclarations du Secrétaire général de l'ONU, Kofi Annan, selon lesquelles « l'ingérence au Kosovo d'une organisation régionale sans mandat de l'ONU fut une tragédie, un défi à tout le système de défense internationale de l'après-guerre ».

L'histoire de la Yougoslavie a ceci de notable qu'il fut finalement impossible de se passer de l'ONU : l'intervention de l'OTAN se révéla insuffisante, sans parler des contradictions apparues au sein de l'Alliance atlantique. Le Conseil de sécurité prit la décision d'envoyer au Kosovo un contingent international et tous s'y plièrent. À ce stade, une solution fut donc trouvée, sous la forme d'un retour aux pratiques onusiennes. Mais faut-il en conclure qu'un modèle de « sortie de crise » a été mis au point et a-t-on la garantie qu'il sera appliqué dans tous les cas ?

Au demeurant, le recours à la force, en dehors de l'ONU, contre des pays rattachés par la suite – selon la classification américaine – à « l'axe du Mal », est désormais légitimé par la théorie de « l'ingérence humanitaire ». Selon elle, un État ou un groupe d'États peut assumer la responsabilité d'une intervention armée contre des régimes qui, de son point de vue, conduisent leur pays à une « catastrophe humanitaire ». Par « catastrophe humanitaire », il convient de comprendre « violations massives des droits de l'homme ».

La communauté internationale est en effet confrontée à des purifications ethniques à grande échelle, à des assassinats de masse, à des dirigeants dont la politique conduit à l'exode des centaines de milliers, voire des millions de personnes affamées, démunies, entraîne des agressions contre des États voisins ou vise à acquérir des armes de destruction massive. Force est de reconnaître que, dans ces conditions, les droits de l'homme, les intérêts de la paix et de la sécurité des peuples cessent d'être l'affaire strictement intérieure des États. Leur violation à grande échelle exige une réaction de la communauté internationale, incluant le recours à la force. Mais comment, sous quelle forme, en se fondant sur le droit international ou en l'ignorant ?

Fondamentale est, sous ce rapport, la question de savoir si le recours à la force doit s'effectuer dans le cadre des principes fixés par la Charte de l'ONU ou en contournant le Conseil de sécurité. La plupart des États, et parmi eux la Russie, se prononcent assez nettement pour le maintien du mécanisme de l'ONU. Ils l'ont manifesté, ces dernières années, à toutes les sessions de l'Assemblée générale. Une minorité, essentiellement les USA et certains membres de l'Alliance atlantique, estime que dans le cas d'« opérations humanitaires », il convient de s'écarter de la pratique traditionnelle de l'ONU, dont le mécanisme, par trop « rigide » en raison du droit de veto, freine, voire empêche les mesures d'urgence.

Il va de soi que les situations concrètes entraînent bien souvent des modifications qui ne peuvent pas ne pas toucher le principal mécanisme de régulation des relations internationales, l'Organisation des Nations unies. Néanmoins, ces modifications ne doivent pas annuler les Nations unies, les transformer en simple « bureau de consultation » ; d'autre part, la modernisation de l'ONU, selon les changements survenus dans le monde, doit s'effectuer, non à la suite d'opérations concrètes menées par tel ou tel État ou groupe d'États, mais par la volonté collective des membres de cette organisation.

Il est aisé de remarquer que la fameuse « ingérence humanitaire » qui se substitue au mécanisme de l'ONU ouvre largement la voie à l'emploi de la force sur la base d'appréciations subjectives et sans aucun contrôle de la part du Conseil de sécurité. Or, il y a un revers de la médaille. On sait ainsi qu'en réponse au président Bush qui avait rattaché l'Iran à « l'axe du Mal » et menacé d'intervenir militairement dans ce pays, Téhéran a menacé à son tour de détruire les installations de pétrole et les oléoducs dans la région du Golfe. Que deviendra la planète si les « échanges d'amabilités » de ce genre se transforment en *modus operandi* universel ?

Pour nombre d'observateurs politiques, en lançant une opération militaire contre la Yougoslavie, l'OTAN a affirmé son passage à une nouvelle doctrine, fixant de recourir à la force armée hors des limites des pays de l'Alliance, même sans motif avéré. Le premier champ d'application pouvait découler des événements du 11 septembre 2001. Désireuse d'épargner pareille perspective à l'humanité, surtout à un moment où il fallait unir ses efforts, au niveau international, pour neutraliser le terrorisme, la Russie a choisi de se rapprocher encore de l'OTAN.

Bien que réagissant très négativement à l'élargissement de l'Alliance, qui peut ainsi, sans raison légitime, atteindre les frontières de la Russie, Moscou (après la signature de l'Acte fondateur de 1997) a franchi un nouveau pas dans ses relations avec l'OTAN. Un Conseil « Russie-OTAN » a été créé, au sein duquel les décisions relatives aux actions communes face aux menaces dites de « la nouvelle génération », y compris le terrorisme international, sont prises par vingt membres, dont la Russie. L'Acte fondateur, on le sait, prévoyait un conseil analogue sur la base « 19 + 1 ». Il semble que l'Occident ait accepté cette « innovation » à la suite, entre autres, de la déception éprouvée par de nombreux membres de l'Alliance devant les résultats de l'opération effectuée en Yougoslavie. C'est ainsi que l'ancien Chancelier allemand H. Schmidt a appelé à ne pas tolérer la répétition du « dangereux précédent kosovaro-serbe ».

Cependant, comme l'a montré l'agression des USA contre l'Irak, les avis de ce type, largement répandus en Europe, n'ont pas stoppé la tendance américaine à prendre unilatéralement des décisions sur les questions internationales les plus graves.

Dès sa campagne électorale, George Bush junior plaçait sa politique extérieure sous le signe d'actions unilatérales des USA dans le domaine de la sécurité et de la réduction des armements. Après sa victoire, et même après la tragédie du 11 septembre, Bush annonçait que les États-Unis abrogeaient le traité ABM. Il confirmait en outre l'orientation de son pays vers la création d'un système national de défense. On apprenait simultanément que les USA entreprendraient de résoudre la question de la réduction de leurs armements stratégiques en toute indépendance, sans obligations ni contrôles.

Tout cela a placé la Russie devant une série de problèmes des plus complexes. Malgré l'effondrement de l'URSS et une grave crise économique et politique, le système de contrôle bilatéral, d'abord soviéto-américain puis russo-américain, des armements était toujours d'actualité dans les années quatre-vingt-dix.

Certes, une assez grande asymétrie était apparue entre les deux États, y compris dans le domaine militaire. Cela n'empêche pas la Russie de demeurer à ce jour une puissance nucléaire comparable aux États-Unis, et des relations paritaires dans ce domaine constituent la base de sa politique diversifiée au niveau international. L'abandon du contrôle bilatéral des armements et le passage à des prises de décision unilatérales et incontrôlées des USA auraient pu causer un grave tort politique à la Russie. Cela eût également affaibli la stabilité à l'échelle de la planète. Ajoutons que le système russo-américain de contrôle des armements permettait, à terme, d'y inclure la Chine et d'autres puissances nucléaires.

L'Europe, alliée des États-Unis, réagit elle-même négativement aux actions unilatérales des USA. J'ai pu m'en convaincre une fois encore en participant, en juin 2002, à Berlin, à la XXe session du Conseil d'Interaction (*Interaction Council*) regroupant d'anciens chefs d'État et Premiers ministres. La plupart des interventions, sans parler des échanges de vues entre les séances, se révélèrent, sous une forme ou une autre, critiques à l'égard de la politique menée par les États-Unis. Cette session marqua une cassure dans l'opinion mondiale. Il est notable que, sachant sans doute la signification de cette cassure, les USA n'y envoyèrent aucun représentant.

Il convient de souligner que les critiques se concentrèrent également sur l'orientation de la lutte américaine contre le terrorisme. Selon une opinion répandue parmi des responsables politiques occidentaux – qui gardent une certaine influence bien qu'ils ne soient plus aux affaires –, les USA pourraient tester leur mécanisme d'« intervention autonome » dans des démonstrations de force permanentes contre d'autres États. Le communiqué publié par la XXe session du Conseil d'Interaction déclare : « Le Conseil d'Interaction invite les citoyens et les gouvernements du monde entier à faire preuve de compréhension envers l'action menée par les États-Unis contre les attaques [du 11 septembre]. Dans le même temps, le Conseil attire l'attention sur le danger d'une approche exclusivement unilatérale dans l'action antiterroriste et sur l'importance des Nations unies dans le respect du droit international. »

Il est en effet notable que les fameuses « interventions humanitaires », menées par tel ou tel État ou groupe d'États, ne l'ont à aucun moment emporté dans la lutte contre le terrorisme international. Les faits sont là : cette ingérence ou la menace d'une ingérence de ce type, non seulement n'est d'aucun soutien dans ce combat, mais sert même d'impulsion à la terreur. Elle n'a pas non plus de sens comme opération de représailles contre les pays abritant éventuellement des organisations terroristes. Dans le cas contraire, d'ailleurs, la communauté internationale aurait dû donner le feu vert pour bombarder Londres, refuge des extrémistes irlandais, ou l'Espagne, aux prises avec les terroristes basques.

On me rétorquera que les pays qui luttent contre les organisations terroristes ne doivent pas être frappés. En effet, les gouvernements britannique et espagnol ont fait leurs preuves dans ce domaine. Il est toutefois des cas moins évidents. Or, qui est à même de déterminer le degré de soutien apporté au terrorisme par tel ou tel État, si l'on exclut d'emblée la machine onusienne ? La question mérite d'être posée.

L'intervention américano-britannique en Irak, au soir du 20 mars 2003, est donc le point culminant d'une politique unilatérale. Quelques premiers pas dans ce sens avaient été effectués par l'administration Clinton. La Russie avait alors sonné le tocsin, mais les partenaires européens des USA – et d'autres – soit n'avaient pas compris où mèneraient pareilles actions, soit avaient choisi de fermer les yeux sur les risques, dans l'espoir que les discours de l'administration américaine sur l'importance de l'ONU, voire la demande d'aide, formulée *in extremis* par les Américains aux Nations unies, remettraient tout en place. Tel ne fut pas le cas.

Reste une question essentielle pour l'ensemble de la communauté internationale : faut-il penser que l'essor de « l'unilatéralisme » américain, dont a témoigné à la face du monde la guerre contre l'Irak, signifie que les USA rejettent définitivement l'ONU comme organisation décisionnaire en ce qui concerne le recours à la force contre des États souverains ? Ou bien cette position sera-t-elle finalement, compte tenu notamment des réactions très négatives suscitées dans le monde entier par l'action des USA, portée au débit de la seule administration Bush, qui s'est montrée si peu professionnelle en prenant une décision parfaitement erronée ?

Ces questions en suscitent une autre : la Russie a-t-elle raison de se rapprocher des USA, comme elle l'a fait depuis le 11 septembre 2001 ?

Le risque calculé de Poutine

Il est notable qu'à la session berlinoise du Conseil d'interaction la Russie ait été discrètement critiquée en raison de son rapprochement avec les USA, alors même que ceux-ci « reniaient » les décisions collectives concernant les questions de sécurité et de réduction des armes offensives. Peut-être faut-il y voir une forme de jalousie des alliés européens des USA. Il semble toutefois que les éclaircissements fournis à propos de la signature, en mai 2002, de l'accord américano-russe de limitation des armements offensifs aient été bien accueillis.

Cet accord, au demeurant, ne convenait pas totalement à la Russie, notamment la partie prévoyant la possibilité de stocker les ogives nucléaires dont le nombre devait être réduit. Mais les États-Unis insistaient pour garder cette « possibilité de retour ». La Russie, néanmoins, accepta de signer, essentiellement pour rompre la chaîne des décisions américaines unilatérales dans le domaine de la sécurité. Les USA, on le sait, n'ont admis qu'au dernier moment de modifier leur position sur la réduction des armements : ils voulaient jusqu'alors y procéder par eux-mêmes, sans signer le moindre engagement ni être soumis à contrôle.

Si l'abrogation par les États-Unis du traité ABM avait été suivie d'une pratique tout aussi unilatérale dans le domaine des armes offensives, un coup sensible aurait été porté à l'ensemble du système de défense internationale. Cela aurait pu influer gravement sur le comportement de la Russie et de la Chine. On aurait alors considérablement gâché l'opportunité de lier par des engagements internationaux ceux qui sont, de fait, les nouveaux membres du « club nucléaire », ainsi que les États qui se fixent comme objectifs de l'intégrer. Au bout du compte, la stabilité dans le monde en aurait fait les frais. La Russie l'a compris et cette compréhension a, semble-t-il, dicté sa décision de passer un accord avec les USA.

La politique russe à l'égard de « l'opération de représailles » américaine visant à liquider Al Qaïda et à renverser le régime taliban en Afghanistan était tout aussi calculée et fondée. Les Américains ne s'étaient pas trompés dans le choix de leur cible : Al Qaïda était basée au sud de l'Afghanistan, Ben Laden s'y trouvait également et les Talibans ne cachaient pas leur solidarité à son endroit, solidarité d'ailleurs partagée.

Certes, des voix s'élevèrent à l'époque, protestant de la participation de Ben Laden aux actions du 11 septembre 2001 qui n'était, finalement, qu'une hypothèse : qui pouvait affirmer que les organisateurs des attentats n'étaient pas, par exemple, les narcotrafiquants d'Amérique centrale ? Certains pays du Moyen-Orient en vinrent même à laisser entendre que les Services américains étaient impliqués dans ces événements : ils avaient voulu créer une situation favorisant la politique « hégémonique » offensive de l'administration US. Moscou comprit d'emblée que ce n'étaient là qu'élucubrations, sans rapport avec la réalité.

La suite des événements ne tarda pas, d'ailleurs, à confirmer que Ben Laden était bien l'organisateur des explosions de New York et de Washington et qu'Al Qaïda avait commis ces crimes. Aux États-Unis, on montra une conversation, filmée par une caméra cachée, entre Ben Laden et ses compagnons d'armes, après le 11 septembre. Ce film avait été diffusé par la chaîne de télévision du Katar, Al-Jazira. Voici quelques extraits des propos d'Oussama Ben Laden :

« Nous avions prévu le nombre de victimes dans le camp ennemi, nous savions qui serait tué sur le site de la tour. Nous avions prévu la destruction de trois ou quatre étages. Me fiant à mon expérience de combat, je pensais que le combustible enflammé de l'avion ferait fondre la carcasse métallique du bâtiment, puis détruirait le point d'impact de l'avion et simplement les étages qui se trouveraient au-dessus. Nous n'espérions rien de plus...

« Nous fûmes avertis le jeudi de la date de l'opération. Au jour dit, notre travail achevé, nous avons mis la radio. Il était 17 heures 30, chez nous. Je me trouvais en compagnie du docteur Ahmed Abou el-Khair. Nous apprîmes aussitôt que l'avion s'était encastré dans le World Trade Center... Quelques instants plus tard, on annonçait qu'un autre avion l'avait heurté à son tour. En entendant ces nouvelles, nos frères furent emplis de joie...

« Tous nos frères qui avaient exécuté l'opération savaient qu'il s'agissait d'une action suicide. Nous les avions envoyés en Amérique mais ils ignoraient tout de l'opération elle-même. Ils avaient suivi une préparation, sans connaître les détails de leur mission jusqu'à ce qu'ils soient sur place, jusqu'au moment où ils durent monter à bord... Ceux qui avaient appris à piloter ne connaissaient pas les autres, de même que les groupes impliqués ne se connaissaient pas entre eux. »

Dans ces circonstances, la Russie n'hésita pas un instant sur la conduite à tenir. Le président Poutine ne se contenta pas de présenter ses condoléances au peuple américain, il fut le premier chef d'État dans le monde à se dire prêt à coopérer avec les USA dans la lutte contre le terrorisme international. Après la tragédie du 11 septembre, j'eus un entretien avec le président Poutine. Cette conversation me convainquit que le coup de téléphone de Poutine à Bush n'avait rien d'un appel de routine. Ayant pris la mesure du danger qui venait de se manifester, Poutine résolut de modifier sur le long terme la politique étrangère de la Russie.

Les signes du changement furent bientôt évidents. En Afghanistan, l'Alliance du Nord – mouvement armé de Tadjiks, Ouzbeks, Khazars peuplant cette région – reçut de la Russie un appui militaire considérable et le conseil d'axer toutes ses forces sur la lutte contre le régime taliban, lutte que l'Alliance du Nord menait depuis de longues années. Elle devait d'ailleurs une bonne part – sinon la plus grande part – de sa longévité à la Russie qui, durant tout ce temps, l'avait soutenue, soit directement, soit par le biais du Tadjikistan et de l'Ouzbékistan.

Tout en réactivant l'Alliance du Nord, le président Poutine entra en contact avec les dirigeants d'Asie centrale – les anciennes républiques soviétiques. Les USA purent ensuite signer une série d'accords leur permettant de disposer des troupes et des avions en Kirghizie, en Ouzbékistan et au Tadjikistan, afin de faire des « sauts de puce » en Afghanistan. Sans la position déterminée de Moscou en faveur d'un soutien militaire des Américains en Asie centrale – soutien indispensable dans le contexte de l'opération qui se préparait en Afghanistan –, Bichkek, Tachkent et Douchanbe auraient eu beaucoup plus de difficultés à aller au-devant de Washington. L'opposition intérieure de nombreux régimes d'Asie centrale se serait en effet plus violemment manifestée.

En l'occurrence, Vladimir Poutine a accepté de prendre un risque, certes calculé et fondé mais néanmoins important. La présence de bases américaines à proximité du territoire de la Russie, dans des républiques de l'ex-URSS, a alarmé une part considérable de l'opinion russe et la majorité des politologues de notre pays. Pour ce qui est de l'aide apportée par la Russie à l'Alliance du Nord, les choses étaient plus claires : l'Alliance combattait des forces étroitement liées à Ben Laden, lequel, à son tour, aidait les terroristes tchétchènes. Mais que penser de la présence de bases américaines sur le territoire de l'ex-Union soviétique ? Et seraient-elles évacuées, une fois les opérations terminées en Afghanistan ?

Comment comprendre, aussi, qu'au même moment les USA faisaient de la Géorgie la « place forte de la lutte contre le terrorisme » et y envoyaient leurs conseillers militaires ? S'il s'agissait d'une aide américaine pour venir à bout des combattants tchétchènes basés dans les gorges de Pankissi en territoire géorgien, pourquoi n'y associait-on pas la Russie qui avait plus intérêt que quiconque à voir les Tchétchènes expulsés de Géorgie ? Ces questions, nombreux étaient ceux qui se les posaient avec inquiétude en Russie.

On ne peut faire abstraction d'un stéréotype qui, des dizaines d'années durant, a eu cours dans le monde : la présence militaire américaine à proximité de notre État ne peut avoir d'objectifs qu'antisoviétiques, d'abord, puis anti-russes. Cette vision des choses fut accentuée par le fait que, pour installer leurs bases sur le territoire de l'ex-URSS, les États-Unis utilisèrent des infrastructures mises en place à l'époque soviétique par les efforts conjugués de tout le pays. En Ouzbékistan, par exemple, la 10e Division US du Génie fut cantonnée sur l'ancienne base aérienne soviétique de Khanabad.

Chacun comprend, en outre, que la venue de forces armées de n'importe quel État et, surtout, leur installation en territoire étranger modifient l'équilibre militaire régional et, en fin de compte, déstabilisent la situation géopolitique au niveau mondial.

Vladimir Poutine a donc pris la décision d'aider les États-Unis dans la première phase de leur opération en Afghanistan en leur donnant la possibilité d'établir une présence militaire en Asie centrale. Il a aussi calmé les réactions, extrêmement négatives, à la percée militaire américaine en Géorgie. Je suis certain pour ma part que cette attitude du président russe ne fut pas le résultat d'un manque de fermeté ; elle fut adoptée consciemment, pour favoriser le rapprochement déjà amorcé avec les USA, à un moment très dur de la lutte contre la manifestation la plus dangereuse du terrorisme international. Ce n'est cependant là qu'un des aspects. L'autre est que la Russie visait en même temps à renforcer ses positions face à son propre problème : elle devait affaiblir et liquider les combattants tchétchènes.

Reste à savoir, maintenant, comment répondront les États-Unis. De cette réponse dépendra également de quel côté penchera l'opinion publique russe.

Bush rendra-t-il la politesse ?

Au moment où j'écrivais ces lignes, la situation concernant l'opération militaire des USA en Afghanistan demeurait indéterminée. Les plus hauts responsables américains étaient loin de considérer comme temporaire la présence de troupes US dans le pays. Au contraire, le secrétaire d'État à la Défense, D. Rumsfeld, effectuant une visite en Kirghizie où se trouvait une base aérienne américaine, déclarait qu'elle serait maintenue « aussi longtemps qu'il le faudrait ». Ce ne fut pas la seule déclaration en ce sens.

On a le sentiment que les responsables d'Asie centrale eux-mêmes n'auraient rien contre une prolongation de la présence militaire américaine chez eux. Certains souhaitent ainsi consolider leur pouvoir, stabiliser leur régime soumis aux attaques, non seulement de cercles islamistes extrémistes extérieurs, mais encore de leurs opposants politiques à l'intérieur. Ils espèrent notamment que les États-Unis, s'ils trouvent un intérêt à rester sur place, atténueront considérablement leurs critiques à propos du « mépris des droits de l'homme » qui caractérise ces régimes et, en conséquence, diminueront leur soutien à l'opposition.

Quoi qu'il en soit, avant la visite du président ouzbek Karimov aux USA, le premier vice-Premier ministre du gouvernement, R. Azimov, déclarait dans une interview au *Washington Post* que le chef de l'État avait l'intention de demander à l'administration américaine de considérer l'éventualité d'un maintien des troupes US en Asie centrale. Au cours de la visite, une convention de partenariat stratégique entre les USA et la République d'Ouzbékistan fut signée.

Selon certaines informations, la Kirghizie, d'abord désireuse de fixer très précisément les délais de la présence américaine sur son territoire, se heurta à l'inflexibilité des USA et finit par reculer.

Il est clair que les tendances pro-américaines apparues chez certains responsables d'Asie centrale et en Géorgie sont également induites par un mécontentement dû à la politique de la Russie envers les pays de la CEI, au cours des années quatre-vingt-dix. Il y avait, bien sûr, des difficultés objectives : la Russie, par exemple, ne pouvait décemment soutenir la Géorgie dans ses tentatives pour ramener de force les réfugiés en Abkhazie. Par ailleurs, la direction géorgienne contestait l'attachement inconditionnel de la Russie au principe de l'intégrité territoriale de la Géorgie et le fait que les médiateurs russes favorisent au maximum le cessez-le-feu à la frontière abkhazo-géorgienne.

De leur côté, les responsables d'Asie centrale ont souvent été insatisfaits des positions russes lors de discussions dégénérant parfois en conflits, entre les Ouzbeks, notamment, et les Tadjiks, les Kazakhs ou les Kirghizes. La Russie ne pouvait prendre parti pour quiconque, lorsque Tachkent – ce qui se produisit à plusieurs reprises – interrompait ses livraisons de gaz au Kazakhstan, au Tadjikistan, à la Kirghizie, exigeant le paiement immédiat des dettes contractées à son égard par ces pays. La Russie restait également neutre quand, à son tour, le Kazakhstan faisait pression sur Tachkent en augmentant unilatéralement les taxes douanières sur les produits ouzbeks, ou quand la Kirghizie réclamait que l'eau du réservoir de Toktogoul, servant à arroser les champs de coton de la plaine de Fergana, lui soit payée en devises fortes. Il va de soi que le désir de la Russie de mettre à profit sa position « au-dessus de la mêlée » pour tenter de rapprocher les uns et les autres, suscitait parfois un vif mécontentement chez telle ou telle des parties en conflit.

Néanmoins, la politique russe ne fut pas seulement le reflet de difficultés objectives, elle fut aussi le résultat d'erreurs et de négligences de sa part. Nous avons ainsi trop longtemps hésité avant d'adopter et d'essayer de mettre en pratique, aujourd'hui, la proposition du président kazakh N. Nazarbaïev, relative à la création d'une Communauté économique eurasienne sur le territoire de l'ex-URSS. Il eût manifestement fallu prendre en compte le fait que les appels russes à une intégration accélérée des républiques slaves dans le cadre de la CEI (ce qui n'a rien à voir avec l'idée vitale d'une Union de la Russie et de la Biélorussie) avaient suscité, chez certains responsables d'Asie centrale, des réactions de méfiance, voire de rejet.

Les dirigeants de ces pays avaient en outre plus ou moins réussi à attirer des capitaux étrangers et dépendaient des investisseurs, comme par exemple au Kazakhstan pour la prospection industrielle. Dans ces conditions, le retard manifeste des processus d'intégration dans l'espace de la CEI sautait encore plus aux yeux.

L'idée d'une défense commune des pays de la CEI ne fonctionna pas non plus complètement. Si la surveillance commune de la frontière entre le Tadjikistan et l'Afghanistan, et la mise en place de la 201e Division russe au Tadjikistan ont fait leurs preuves, ces quelques réussites semblaient souligner l'inefficacité du soutien militaire de la Russie à l'Ouzbékistan dans la résistance opposée par ce dernier aux combattants de l'opposition islamiste extrémiste, qui se concentraient en Afghanistan afin d'effectuer une percée dans la plaine de Fergana. Au début de l'opération américaine, et même après, selon certaines sources, quelque trois mille combattants du Mouvement islamiste d'Ouzbékistan, conduits par Juma Namangani (Khodjiev), s'étaient regroupés en Afghanistan, près de la frontière ouzbek.

On peut, bien sûr, rappeler que Tachkent n'a guère favorisé l'appui militaire russe, en prenant parfois démonstrativement ses distances à l'égard de la Russie, en évoquant « l'impérialisme russe » et, plus particulièrement, en quittant, en 1999, le Pacte de sécurité commune ou en retirant ses unités des forces de paix communes au Tadjikistan. Mais la mollesse de la coopération russe avec l'Ouzbékistan du point de vue militaire, y compris pour les livraisons d'armes promises, ne pouvait que porter tort aux relations russo-ouzbeks.

On a voulu croire que toutes les aspérités seraient gommées par de chaleureuses rencontres au sommet, par l'extraordinaire accueil réservé aux hauts dignitaires russes en voyage dans les États centre-asiatiques, par les luxueuses réceptions organisées dans la Fédération de Russie pour les hôtes d'Asie centrale. Et, en effet, on n'avait pas assez de mots aimables les uns envers les autres, on signait d'importants documents communs, mais cela n'a pas empêché les pays de la CEI de regarder du côté des USA.

Ce revirement pro-américain peut se renforcer avec le temps, malgré l'intérêt objectif qu'ont les États d'Asie centrale et, bien sûr, la Géorgie, à préserver et développer de multiples contacts avec la Russie. Cela fait maintenant plus de dix ans que les élites nationales des anciennes républiques de l'URSS sont formées aux USA ou en Europe. Elles ont déjà donné naissance à de nouveaux dirigeants, qui ne sont certes pas encore des plus brillants mais qui ne tarderont pas à le devenir. Or, ces nouveaux dirigeants ne s'orientent pas vers la Russie, lui préférant d'autres grandes puissances ; ils ne prisent plus les valeurs dans lesquelles ont grandi nombre de responsables locaux actuels.

Il ne s'agit naturellement pas de transformer purement et simplement les pays de la CEI en satellites de la Russie, alors même que cette dernière renforce aussi ses relations avec les USA et d'autres États. Cela ne doit cependant pas faire perdre de vue la nécessité de préserver une approche commune des principaux problèmes stratégiques, approche fondée sur la coordination des efforts et des plans.

On constate donc, en liaison avec l'opération antiterroriste en Afghanistan, des mutations géopolitiques d'ores et déjà très visibles, mutations qui s'effectuent en faveur des USA. Les bases américaines en Asie centrale sont en outre situées à proximité directe des frontières chinoises. Lors de ma rencontre avec Jiang Zemin à Pékin, au début de l'année 2002, j'ai pu me convaincre que les dirigeants chinois prenaient la chose très au sérieux. On estime à Pékin que si la présence militaire américaine venait à se pérenniser en Asie centrale, elle marquerait l'achèvement du processus d'encerclement de la Chine par les bases US. Ajoutons que l'arrivée de renforts sur ces bases est à tout moment garanti par le biais du Pakistan.

L'Iran se montre également très inquiet, comme il est apparu dans les propos du président Khatami, lors de sa visite au Kazakhstan, en avril 2002.

Une odeur persistante de pétrole

Que le déploiement militaire américain se soit produit dans une région proche de la mer Caspienne n'est pas indifférent. Même si, ces dernières années, l'euphorie suscitée par les réserves pétrolières de la Caspienne est quelque peu retombée, il n'en demeure pas moins que, selon les estimations les plus raisonnables, celles-ci sont comparables aux réserves de la mer du Nord et, selon les calculs les plus optimistes, à celles de l'Arabie Saoudite. Leur mise en exploitation peut considérablement augmenter la production mondiale et l'exportation – ce que les États-Unis considèrent comme une priorité – afin de saper l'influence de l'OPEP sur le marché du brut et de casser les prix.

Mais il n'y a pas que cela. Sur le territoire américain, les réserves prospectées se réduisent comme peau de chagrin, tandis que la dépendance des USA s'accroît à l'égard des importations qui représentent d'ores et déjà plus de 60 % de la consommation de carburant. Cette part ne fera bien sûr qu'augmenter. Les États-

Unis se procurent le pétrole le meilleur marché dans le golfe Persique. Or cette zone n'est pas la plus « prometteuse ».

La présence de bases militaires US à proximité de la Caspienne ne peut donc pas ne pas faire également figure de tentative pour renforcer les positions américaines dans le choix du mode de transport du pétrole de cette région. Sous ce rapport, la présence militaire US en Géorgie, sous la bannière de la lutte contre le terrorisme, a aussi son importance.

Manifestement, l'administration Bush veut tempérer les objectifs de certaines compagnies pétrolières américaines, désireuses de faire passer l'oléoduc par l'Iran, et elle pratique un lobbying acharné pour un tracé, certes coûteux (selon différentes estimations, entre 2,5 et 4 milliards de dollars) mais stratégiquement avantageux pour les États-Unis, susceptible de charrier jusqu'à un million de barils par jour, depuis Bakou, à travers la Géorgie, jusqu'au port turc de Ceyhan sur la Méditerranée.

Il existe une autre possibilité qui a, depuis longtemps, les faveurs de certaines compagnies américaines et qui consisterait à faire passer le principal flux de pétrole et de gaz de la zone de la Caspienne, par l'Afghanistan, aux rivages pakistanais de la mer d'Arabie. Ce n'est pas un hasard si, après le début des « mesures de rétorsion », la compagnie américaine UNOCAL, intéressée à la construction d'un gazoduc partant de Turkménie pour gagner l'océan Indien, en passant par l'Afghanistan et le Pakistan, a déployé une grande activité en Afghanistan. Il entre dans les projets de cette compagnie de doubler le gazoduc par un oléoduc.

Détail significatif : après la formation du gouvernement Karzaï, le président Bush nommait pour le représenter en Afghanistan un ancien conseiller d'UNOCAL, l'Américain d'origine pachtoune E. Halilzad.

Difficile, dans ce contexte, de ne pas rapporter ici un extrait éloquent du magazine *Business Week* : «... les soldats américains, les compagnies pétrolières et les diplomates s'adaptent rapidement à cette région éloignée du monde. Depuis le temps d'Alexandre de Macédoine, sans doute, aucune armée occidentale n'avait montré le nez ici, dans ce qui était la "sous-ventrière" de l'Union soviétique. Dans ce jeu initié par les Américains, les mises sont plus hautes que jamais : les États-Unis instaurent, ni plus ni moins, une nouvelle zone d'influence, pour la première fois depuis celle du Proche-Orient, créée par eux il y a un demi-siècle »[1].

Si les USA renoncent, de fait – sans doute n'en prendront-ils pas l'engagement officiel –, à leur présence militaire en Asie centrale liée à l'opération d'Afghanistan et l'augmentent en Transcaucasie, cela aura un impact négatif sur la situation internationale.

La simple probabilité du maintien à long terme des bases US en Asie centrale crée des difficultés à la Russie, en affaiblissement la tendance à une plus grande intégration des États de la région dans le cadre

1. *Business Week*, édition européenne, 27 mai 2002, p. 42.

de la CEI. Et, partant, le Pacte de sécurité commune des pays de la Communauté s'en trouve ébranlé.

Il faut en outre souligner qu'en réagissant aux changements survenus dans la situation géopolitique globale, la Russie a abandonné sa traditionnelle fermeté – « œil pour œil, dent pour dent » –, non seulement dans la recherche de réponses appropriées mais aussi dans les déclarations de ses représentants officiels. Cette nouvelle tendance témoigne, là encore, de la volonté des dirigeants russes de ne pas envenimer les relations avec les États-Unis.

Cela ne signifie pas pour autant que la Russie renonce à défendre ses intérêts nationaux : il ne saurait ici être question que de la recherche de nouvelles formes et méthodes de défense, mieux adaptées au contexte actuel. Il existe ainsi un lien direct entre l'installation de bases militaires américaines en Asie centrale – ce qui a incontestablement porté un coup au système de défense commune des pays de la CEI – et les mesures prises ensuite par la Russie pour renforcer cette défense en y englobant les « six de Shanghai » : Russie, Chine, Kazakhstan, Kirghizie, Tadjikistan et Ouzbékistan. Des avancées ont été effectuées en ce sens.

Parallèlement, la Russie a progressé sur la question du statut de la Caspienne et s'est entendue sur un partage des fonds marins avec deux États directement concernés, le Kazakhstan et l'Azerbaïdjan. Des négociations difficiles sont en outre menées à ce sujet avec la Turkménie et l'Iran.

Il semble que dans le nouveau contexte, l'idée d'un « triangle » stabilisateur en Asie – rapprochement de la

Russie, de la Chine et de l'Inde – puisse faire son chemin. Lorsque j'étais Premier ministre, j'ai eu l'opportunité, en décembre 1998, de me prononcer en faveur de cette idée ; je n'avais pas en tête, alors, la création d'une alliance tripartite, encore moins militaire, mais le développement et l'approfondissement des relations entre les trois composantes du « triangle ».

L'accent fut mis, à cette occasion, sur la nécessité de normaliser les relations et d'envisager une plus grande coopération essentiellement entre la Chine et l'Inde, les rapports entre la Russie et chacun de ces deux pays paraissant d'ores et déjà suffisamment stables.

Selon un professeur de relations internationales de l'université Jawaharlal Nehru, « les trois pays craignent que les États-Unis ne saturent finalement de bases militaires et de systèmes d'espionnage l'espace cosmique lui-même, ce qui leur permettrait de disposer, à toutes fins utiles, d'une puissance militaire sans précédent ». Pour ce qui est de l'alliance tripartite, poursuit le professeur, elle aidera à mettre en place un système de défense asiatique, facilitera la lutte contre l'extrémisme religieux, favorisera une meilleure utilisation des ressources énergétiques de la zone centre-asiatique.

Dans le cas d'un maintien et d'un accroissement de la présence militaire américaine en Asie centrale, l'anti-américanisme ne manquera pas de se renforcer dans la politique de nombreux pays de la région, ce qui se reflétera inévitablement sur la situation énergétique. Un tort sérieux sera alors porté à la stabilisation du marché. Or, cette stabilisation pourrait sans nul doute s'accomplir par un élargissement radical de la coopération russo-américaine dans ce domaine.

Une telle collaboration permettrait de répondre aux besoins mondiaux croissants en pétrole et en gaz, d'optimiser les projets de construction de nouveaux oléoducs et gazoducs, et de moderniser ceux qui existent déjà. Il n'est pas inutile, à cet égard, de rappeler la situation géographique de la Russie, pont entre l'Europe et l'Asie, et ses énormes ressources énergétiques.

« Conquérir l'Afghanistan, ça n'est pas du gâteau »

Ces propos appartiennent à l'ex-Premier ministre du Pakistan Benazir Bhutto[1]. Qui, mieux qu'elle, peut se targuer de connaître la situation dans ce pays voisin du sien, au centre de la politique pakistanaise depuis de longues années ?

Les dirigeants américains ont de plus en plus tendance à qualifier de « guerre » leur opération antiterroriste, soulignant ainsi le caractère inévitablement prolongé – et à multiples niveaux – de leur action militaire en Afghanistan. Force est de reconnaître que celle-ci ne s'est pas rapidement achevée par une victoire incontestable : Ben Laden n'a toujours pas été retrouvé et encore moins « liquidé », et surtout rien ne garantit que les Talibans ne puissent revenir un jour au pouvoir.

---

1. Interview accordée par B. Bhutto au correspondant londonien du journal russe *Argumenty i Fakty*, 10 octobre 2001.

À la veille des événements du 11 septembre, les États-Unis n'avaient pour ainsi dire aucune politique « de fond » pour lutter contre le terrorisme. Le 9 septembre, soit deux jours avant la tragédie, au cours d'un entretien téléphonique avec Bush, Poutine faisait remarquer que l'assassinat du commandant de l'Alliance du Nord, Ahmed Massoud, n'était pas un hasard. On avait manifestement voulu affaiblir l'Alliance et il fallait s'attendre à d'autres actions de ce genre de la part des Talibans.

Bush accepta la proposition de Poutine d'organiser un conseil des adjoints aux ministres des Affaires étrangères des deux pays, au sujet de l'Afghanistan, mais sa réaction indiquait clairement qu'il ne percevait pas toute la gravité du problème.

Les États-Unis étaient surtout gênés dans l'élaboration d'une ligne de conduite par leur approche « à doubles standards » du terrorisme. Ils n'avaient pas compris, par exemple, le danger de la situation créée en Tchétchénie par les combattants terroristes. Ils n'avaient pas non plus prêté attention au fait que ces derniers étaient en contact direct avec les Talibans dont ils avaient le soutien.

Jusqu'au 11 septembre, il n'y eut pas de réaction anti-Talibans au Pakistan, même si beaucoup commençaient à s'apercevoir que les Talibans devenaient incontrôlables et, bien souvent, agissaient indépendamment des structures pakistanaises qui les avaient engendrés. L'Aga Khan, chef des ismaélites, devait me confier : « J'ai demandé tout net à Moucharraf ce qu'il voulait. Je n'ai pas obtenu de réponse. » Toujours selon l'Aga Khan, la politique du Pakistan envers les Talibans pouvait être définie comme un « trou noir ».

Après le début des « mesures de rétorsion » américaines, les choses commencèrent à changer. L'Alliance du Nord fit assez rapidement son entrée dans Kaboul. Les récits victorieux des opérations menées dans les grottes de Tora Bora, à la frontière du Pakistan, et les bombardements des positions des Talibans à l'aide d'armes de haute précision inclinèrent à l'optimisme. On pouvait toutefois avoir une vision différente des faits. En réalité, Kaboul n'était pas tombée, elle avait été abandonnée par les Talibans qui avaient également quitté d'autres lieux sans combattre. Tel avait été le résultat des négociations avec l'Alliance du Nord. Le nombre des combattants talibans tués ne dépassait pas quelques dizaines, quelques centaines au maximum, les autres s'étaient débandés, évanouis dans la nature. Selon certaines estimations, l'opération « Anaconda », les trois opérations de l'infanterie de marine britannique et celle ayant consisté à prendre la « forteresse » de Tora Bora, largement commentée par les médias, furent loin d'être d'incontestables réussites.

Les tribus pachtou ne devinrent pas le point d'appui du gouvernement afghan du Pachtou Karzaï, créé avec le soutien des Américains. Rappelons que les Pachtou forment historiquement la principale force d'Afghanistan, capable, en coalition avec d'autres groupes ethniques, de contrôler la situation dans le pays. Les États-Unis ne sont pas parvenus à rapprocher les Pachtou de l'Alliance du Nord, ce qui était leur objectif au début de l'opération. Après la formation du gouvernement, les forces armées et les Services spéciaux sont demeurés, pour la plupart, aux mains des Tadjiks et des Ouzbeks, ce que les Pachtou n'accepteront sans doute jamais.

Le président afghan Karzaï a ordonné à tous les mouvements politiques du pays de liquider leurs structures militaires, de rendre leurs armes et, aux combattants des détachements dissous, d'entrer dans l'armée régulière. C'est manifestement la voie choisie pour tenter de redistribuer le pouvoir en Afghanistan, en le retirant aux commandants de campagne et aux différentes tribus. On peut douter du succès de l'opération. On peut aussi douter qu'il soit possible, de la sorte, de reprendre aux représentants du Nord la direction des Forces armées de la coalition anti-Talibans. Ramené tout spécialement de Rome où il avait passé trente ans en émigration, l'ancien roi d'Afghanistan, Zaher Shah, n'a pas su non plus trouver sa place dans la nouvelle hiérarchie afghane. Dans le plan américain, il était appelé à sceller l'unité du pays. Mais Zaher Shah a refusé, en dépit des prières et des promesses américaines, une place dirigeante en Afghanistan.

Des Pachtou ayant pris part à la coalition anti-Talibans furent assassinés, comme le conseiller de l'ex-roi, Abdul Haq, venu en Afghanistan s'assurer du soutien des chefs pachtou. Les Talibans s'emparèrent de lui et le tuèrent. En juin 2002, les bandits assassinèrent le vice-président afghan, Haji Abdul Qadir, un Pachtou qui avait pris ouvertement position contre les Talibans. L'échec du projet consistant à assurer, localement, un plus large soutien au gouvernement Karzaï devint patent, dès lors que la garde afghane, trop peu sûre, fut remplacée par une garde américaine.

La poursuite des bombardements et des tirs de rockets sur « tout ce qui bouge » entraîna de regrettables erreurs. La population civile fut à son tour victime des raids. Et, comme les Talibans cherchèrent essentiellement refuge dans les régions peuplées de Pachtou, les victimes civiles se multiplièrent, ce qui ne pouvait certes jouer en faveur des Américains.

À l'inverse, cela permit aux Talibans de s'assurer en quelque sorte une « base » au sein des tribus pachtou. Il y a tout lieu de croire que les principales forces des Talibans encore à même de résister, se trouvent, d'une part, dans les régions pachtou d'Afghanistan et, d'autre part, à proximité de la frontière, en territoire pakistanais. Les Services allemands affirment qu'Oussama Ben Laden s'est d'ailleurs réfugié dans cette zone entre l'Afghanistan et le Pakistan.

Les informations selon lesquelles la production d'héroïne et d'opium a pris des proportions fantastiques en Afghanistan avec le début de l'opération américaine sont également inquiétantes. Selon des experts de l'ONU chargés du contrôle des stupéfiants, la récolte de pavot a été, pour 2002, dans le pays, dix fois supérieure à celle de 2001 : elle s'élèverait à plus de trois millions de tonnes. On a en outre pu localiser en territoire afghan plusieurs dizaines de laboratoires nouvellement construits pour la production de stupéfiants. On sait d'ailleurs que le trafic de drogue est une importante source de revenus des Talibans.

Rien ne bougera si se confirme l'information parue dans le journal arabe de Londres *Ash-Sharq al-Awsat* selon laquelle le fils de Ben Laden serait désormais à la tête d'Al Qaïda. Le problème n'est même pas de savoir si cela signifie que Ben Laden a été blessé ou tué. L'important est qu'au plus fort de l'opération américaine en Afghanistan, sa succession était assurée à la tête de son organisation terroriste.

La zone pachtou du Pakistan, longtemps peuplée de personnes déplacées et de réfugiés, n'est pratiquement pas contrôlée par Islamabad. Le gouvernement pakistanais redoute de heurter de front cette population. La frontière entre le Pakistan et l'Afghanistan, on le sait, n'est pas définitivement fixée à ce jour. Depuis 1893, la zone pachtou est coupée en deux par la « ligne Durand ». Elle sépare aujourd'hui les territoires du Pakistan et de l'Afghanistan, sans être officiellement reconnue comme une frontière par aucun de ces deux États. Les responsables pakistanais estiment que, de la sorte, leur territoire est injustement amputé. D'un autre côté, on ne peut guère s'associer au projet afghan de créer un « Grand Pachtounistan », englobant une part considérable de l'actuel Pakistan.

On a quelque peine à croire qu'après le 11 septembre les dirigeants pakistanais puissent imposer une autorité centrale aux « réfugiés afghans ».

Il est symptomatique que lors des élections de députés à la Grande Assemblée nationale et aux Conseils de quatre provinces du Pakistan, une coalition de six partis musulmans – le Muttahida Majlis-e-Amal (MMA) – connue pour ses liens étroits avec le régime des Talibans et lui ayant réitéré son soutien même après le début de l'opération américaine en Afghanistan, ait pu apparaître comme une force politique importante. Dans deux provinces limitrophes de l'Afghanistan, le MMA a obtenu la majorité des sièges aux assemblées. Les forces des Talibans ont donc toutes les chances de demeurer très longtemps dans la région et d'utiliser celle-ci comme base pour des incursions en territoire afghan.

Les Talibans peuvent en outre « s'infiltrer » au sein de la coalition du pouvoir central qui, pour des raisons évidentes, a besoin de l'appui des Pachtou. Ce n'est pas un hasard si, lors de la formation du gouvernement Karzaï, la question s'est posée d'y inclure éventuellement des Talibans « repentis ». On est parvenu à l'éviter. Mais si cela se produisait « sous une autre étiquette » ?

On ne peut guère espérer que le président pakistanais, le général Moucharraf, tenu par G. Bush pour « un partenaire clef des USA dans la coalition antiterroriste », soit en mesure, même sous la pression américaine, de mener des actions d'envergure contre les Talibans qui bénéficient d'un soutien important dans la population pakistanaise et des sympathies de nombreux officiers, notamment au sein des Services spéciaux. Selon un sondage effectué par l'Institut Gallup après le début de l'opération US en octobre 2001, 63 % des Pakistanais soutenaient les Talibans, et seulement 7 % approuvaient l'action des États-Unis. Jusqu'au 11 septembre, des experts des Services spéciaux pakistanais (ISI) se trouvaient dans les troupes des Talibans, ce qui est, là encore, symptomatique.

Il est difficile de croire que les États-Unis feront une incursion en territoire pakistanais pour en finir avec les Talibans. Il en va tout différemment des actions contre Al Qaïda. En l'occurrence, les USA, mais également le Pakistan, peuvent se montrer très actifs. Moucharraf y puiserait sans doute un moyen de défense contre ceux qui l'accusent de ne pas prendre de mesures radicales pour liquider les Talibans. Toutefois, tant que ce dernier problème n'est pas réglé, l'anéantissement d'Al Qaïda paraît des plus ardus.

En se fondant sur l'expérience acquise, au prix fort, par la Russie, on peut affirmer que l'avenir de l'Afghanistan est lié non pas à la conquête de ce pays mais à l'action diversifiée de forces extérieures en vue d'aider les Afghans à instaurer un État fédéral. Une trop grande centralisation est impossible dans ce pays, les régions doivent y jouir d'une certaine autonomie, peut-être même à des degrés divers. Il convient toutefois que le Centre conserve assez de pouvoir pour préserver l'intégrité de l'État.

Il va de soi que les USA ont toute la sympathie de ceux qui comprennent l'importance de leur opération militaire dans cet Afghanistan devenu, sous le régime des Talibans, une pépinière du terrorisme international. Je suis scandalisé par le manque de réflexion et l'amertume caractérisant des déclarations telles que : « Ils récoltent ce qu'ils ont semé », à propos des Américains. Cependant, il arrive qu'elles soient faites par des hommes qui se sont durement battus dans ce pays d'Asie et se sont sentis maintes fois insultés par les multiples commentaires sur « l'insuffisante capacité de combat » de notre armée.

Le problème n'est pas, toutefois, ceux qui se battent en Afghanistan. Le problème est l'Afghanistan lui-même, un pays qui n'a jamais supporté la moindre domination étrangère ; un pays multiethnique, aussi, avec de fait une structure tribale, ce qui empêche pratiquement de miser sur telle ou telle force intérieure, capable de contrôler l'ensemble du territoire. Au temps de la présence soviétique, on comptait sur un mouvement, aux faux airs de parti, presque entièrement composé de Pachtou et apparu sous le régime de Najibullah auquel s'opposait alors le Nord du pays. Au Sud, de nombreux Pachtou avaient en revanche rallié les moudjahidin, autrement dit ceux qui luttaient contre les troupes soviétiques, ainsi que l'élite afghane qui leur était proche. L'un et l'autre camps bénéficiaient de soutiens extérieurs. Finalement, l'URSS fut obligée de quitter ce pays où le peuple ne pouvait vivre que sur le mode ancien et les élites le gouverner à la manière traditionnelle. Ce n'est pas un hasard si, au temps de Zaher Shah, une relative unité territoriale fut obtenue, grâce – uniquement – aux constantes libéralités accordées par le roi, sur sa cassette, aux différentes tribus.

La situation, il est vrai, n'est plus la même en Afghanistan qu'au temps de la présence soviétique. Comme le faisait remarquer Benazir Bhutto dans l'interview mentionnée ci-dessus, « il y a une grande différence entre le moment où Najibullah était à Kaboul et ce qui se passe aujourd'hui. Les moudjahidin recevaient alors, chaque mois, des dizaines de milliers de dollars des États-Unis et de l'Arabie Saoudite, ils avaient des camps d'entraînement au Pakistan, les armements les plus modernes leur parvenaient à flots : lance-grenades, rockets, *Stinger*. Qui donnerait à présent de l'argent aux Talibans ? Personne ! »

Ces propos de B. Bhutto méritent qu'on s'y arrête. En même temps, certaines déclarations de Talibans, rendues publiques par divers médias, selon lesquelles leurs combattants se regroupent et devraient être assez bien équipés pour des opérations contre les USA et leurs alliés, font dresser l'oreille. Le danger d'une restauration de la puissance de combat des Talibans demeure.

On peut penser qu'au bout du compte, en multipliant les efforts et en y mettant le prix, les États-Unis parviendront à neutraliser plus ou moins l'Afghanistan comme base du terrorisme international. Mais ce sera plus rapide et plus efficace dans le cadre d'une action conjuguée des USA, de la Russie, du Pakistan, de l'Union européenne, de l'ONU, de l'Inde, de la Chine et de l'Iran. Dans le cadre, surtout, d'une action conjuguée avec la Russie qui a des moyens d'influer sur la situation en Afghanistan et entretient de meilleures relations que les États-Unis avec la Chine et l'Inde, sans parler de l'Iran. Il y a une réelle possibilité de former pareille alliance, car les États et organisations énumérés ici y ont d'autant plus intérêt qu'ils savent combien l'attitude des États-Unis, leurs actions, leurs décisions unilatérales sont contre-productives et dangereuses pour l'ensemble des relations internationales, fussent-elles dictées par la lutte antiterroriste.

Le prochain sur la liste : l'Irak

Jusqu'à l'intervention en Irak, la guerre antiterroriste des USA a bénéficié d'un large soutien mondial. Il y avait pourtant eu quelques signaux d'alarme, mais ils semblaient secondaires et n'avaient donc pas détourné des États-Unis un seul des principaux acteurs de la scène internationale. Les choses commencent à changer lorsque les Américains envisagent de laisser de côté le problème afghan, loin d'être résolu, pour focaliser leur attention sur l'Irak, dans le but de renverser le régime de Saddam Hussein.

Le 22 juillet 2002, à Londres, le *Guardian* publie un article de l'ancien coordinateur de l'aide humanitaire de l'ONU en Irak (de 1998 à 2000), Hans von Sponek. Les propos de ce dernier emportent l'adhésion de nombreux hommes politiques et politologues d'Europe et d'ailleurs. À en croire von Sponek :

– l'Irak n'a rien à voir avec les actes de terrorisme perpétrés contre des objectifs américains, à l'étranger ou aux États-Unis ;

– l'Irak n'a jamais apporté son concours à Al Qaïda, ni pour entraîner des combattants ni en soutenant le groupuscule extrémiste Ansar al-Islam que l'on accuse d'avoir donné asile à des membres d'Al Qaïda et qui tente de déstabiliser le Kurdistan irakien ;

– au sommet de la Ligue arabe de mars 2002 à Beyrouth, les dirigeants de vingt-deux pays arabes avaient fait part de leur intention de mettre un terme au conflit avec l'Irak. Aussitôt, l'Arabie Saoudite ouvrait un passage dans sa frontière avec ce pays, la Syrie et le Liban amorçaient une normalisation de leurs relations avec Bagdad, l'Irak rendait ses archives au Koweït et acceptait d'entamer des négociations à propos des Koweïtiens portés disparus durant la guerre du Golfe. L'Iran et l'Irak engageaient en outre des pourparlers concernant les réfugiés, les compagnies aériennes de Jordanie effectuaient cinq vols par semaine entre Amman et Bagdad, des officiels et des hommes d'affaires turcs commençaient à se rendre en Irak ;

– le Pentagone et la CIA savaient parfaitement que l'Irak ne représentait plus une menace dans la région. Ils savaient aussi que le centre pharmaceutique d'Al-Dora, dans la banlieue de Bagdad, et la fabrique de pesticides et d'herbicides de Fallouja, à l'ouest de la capitale irakienne, tous deux soupçonnés de produire des armes bactériologiques et chimiques, avaient été détruits pendant la guerre du Golfe. L'usine de Fallouja l'avait même été une seconde fois en décembre 1998, durant l'opération « Renard du désert ».

« Le plus effrayant, écrit Hans von Sponek, est que les organes américains de la Défense ont toutes ces informations. »

Un fait curieux montre bien que nombre d'accusations portées par les États-Unis contre l'Irak sont infondées. En affirmant que Bagdad était à deux doigts de posséder l'arme nucléaire, le président américain se référait à un rapport de l'Agence internationale de l'Énergie atomique, datant de 1998. Or, dans une interview à la chaîne NBC, des représentants de l'AIEA réfutaient les propos présidentiels, en rappelant que le rapport faisait état de la situation avant l'agression de l'Irak contre le Koweït, avant l'opération « Tempête du désert », avant les sanctions internationales et les inspections effectuées sur les sites militaires irakiens. Pour 1998, les experts de l'agence internationale n'avaient pas découvert d'indices démontrant que « l'Irak aurait en quoi que ce fût progressé dans la mise au point et la fabrication de l'arme nucléaire ».

Un haut fonctionnaire anonyme de la Maison Blanche devait finalement reconnaître qu'il y avait eu « maldonne ».

Les accusations portées contre l'Irak, à propos de ses liens avec Al Qaïda et clamées haut et fort par le président Bush, se révélèrent tout aussi infondées. Il est notable que les États-Unis ne nous aient jamais transmis, par le canal des Services secrets, la moindre information les confirmant.

Il est à noter également que l'hostilité américaine envers le régime de Saddam Hussein fut loin d'être une constante. L'administration Reagan, par exemple, non seulement considérait l'Irak comme un contre-poids aux islamistes, mais lui apportait son soutien. À la fin du mois de septembre 2002, le sénateur américain Robert Bird présentait à la commission de la Défense du Sénat des documents indiquant qu'en 1985-1986 les autorités US avaient fourni au Comité irakien de l'énergie atomique quelques échantillons d'anthrax, de toxine botulinique et de virus de la fièvre du Nil. « On ne peut certes prétendre que le gouvernement américain ait livré à l'Irak un matériel suffisant pour une production massive d'armes biologiques », estime Jonathan Tucker, ancien responsable de la mission d'inspection de l'ONU ; « néanmoins, il était, dès cette époque, naïf d'imaginer que Bagdad s'apprêtait à utiliser ces "envois" à des fins pacifiques. » Bird rapportait également que les Américains avaient fourni à l'armée irakienne des informations sur les troupes d'Iran et livré à Saddam des blindés et autres équipements militaires.

La grande pierre d'achoppement fut l'attitude de l'Irak envers les inspecteurs de l'ONU. Bagdad affirmait que la mission d'inspection de l'ONU n'était pas ce qu'elle disait être. Précisons que des voix toujours plus nombreuses – de gens souvent bien informés – clamaient que les protestations irakiennes à ce sujet n'étaient pas sans fondement. Le 31 juillet 2002, l'ancien responsable de la mission d'inspection de l'ONU en Irak (de 1991 à 1997), le diplomate suédois Rolf Ekeus, déclarait sur les ondes suédoises que les États-Unis tentaient d'influencer le travail des inspecteurs et poursuivaient des « intérêts particuliers », dont certains n'avaient rien à voir avec la mission de l'ONU dans ce pays. Il évoquait notamment la collecte d'informations sur Saddam Hussein et son entourage, ce qui, pour le diplomate suédois, pouvait être utilisé dans le cas d'une intervention en Irak. Il précisait enfin que les USA voulaient déclencher une crise dans la région, préparant ainsi le terrain pour une attaque armée.

Dieu que les choses se répètent dans ce monde si peu tranquille et que nous tirons peu de leçons de l'Histoire ! Je garde en mémoire les événements de 1997. J'étais alors ministre des Affaires étrangères de Russie et j'entretenais des contacts étroits avec la direction irakienne que je poussais à autoriser le retour de la mission d'inspection de l'ONU, en acceptant la présence d'Américains en son sein et en garantissant un absolu respect des Résolutions de l'ONU – selon lesquelles tous les sites suspects, sans exception, devaient être vérifiés. Saddam Hussein avait alors interrompu le travail des inspecteurs et les avait expulsés, les accusant de ne pas s'en tenir strictement au mandat de l'ONU. La mission était alors dirigée par Butler, grand responsable de cet état de fait, au point que son propre ex-bras droit, l'expert américain en désarmement S. Ritter, avait dénoncé ses activités dans une émission de la BBC.

Les États-Unis n'en soutenaient pas moins Butler, ce dont il fallait tenir compte. Le travail effectué par la mission d'inspection était particulièrement important : mandatée par l'ONU, elle devait s'assurer que l'Irak ne fabriquait pas d'armes de destruction massive. On ne pouvait pas non plus mettre en danger le monitoring des sites irakiens, il fallait le conserver à tout prix. Cependant, les USA avaient déjà le « doigt sur la gâchette », ils étaient prêts à attaquer l'Irak.

Sous l'influence directe de la Russie, Saddam Hussein décida de rappeler les inspecteurs. Je n'évoquerai pas en détail la suite des événements, déjà exposée dans mon précédent ouvrage. Je ne m'arrêterai que sur un point : lors de la réunion extraordinaire des ministres des Affaires étrangères des États membres permanents du Conseil de sécurité de l'ONU, dans la nuit du 19 au 20 novembre 1997 à Genève (la Chine était représentée par son ambassadeur), M. Albright me demanda : « Qu'est-ce que tu as promis à S. Hussein ? » Je répondis « Nous l'avons informé que, de notre côté, nous ferions de notre mieux pour changer la composition de la mission d'inspection en Irak et fixer plus précisément le cadre de son activité. » Il va de soi que nul n'a parlé, ni à lui ni à aucun leader irakien, au nom du Conseil de sécurité.

Pour cette fois, le président Clinton renonça – *in extremis* – à intervenir militairement en Irak, et la communauté internationale soupira de soulagement. Mais en 1998, Bagdad entra de nouveau en conflit avec la mission d'inspection, stoppant d'abord son activité, puis exigeant qu'elle quitte le territoire irakien. Butler sauta sur l'occasion et, sans la sanction du Conseil de sécurité de l'ONU, rappela tous les inspecteurs.

Comment expliquer cette valse-hésitation de Saddam Hussein à l'égard de la mission de l'ONU ? Le détonateur fut, bien sûr, l'action de Butler. Mais je pense que Bagdad ne se contenta pas de réagir. Par ses manœuvres ou, plutôt, ses acrobaties sur le fil du rasoir, Saddam Hussein essayait d'obtenir un geste en faveur de l'Irak. Cette fois, comme d'ailleurs la suivante, son principal objectif était la levée des sanctions économiques qui, conformément à la Résolution du Conseil de sécurité de l'ONU, devaient s'effectuer si l'Irak remplissait les conditions posées par les Nations unies : liquidation de ses armes de destruction massive et arrêt de leur production. À l'époque, déjà, l'Irak exigeait plus de précisions sur la levée des sanctions, affirmant que toutes les conditions de l'ONU étaient d'ores et déjà remplies.

Quelle position fallait-il adopter ? La question se reposerait de la même façon aujourd'hui. Il fallait déclarer catégoriquement à l'Irak qu'on ne céderait pas d'un pouce sur la mission des inspecteurs de l'ONU et que toute mesure à leur encontre serait inacceptable et injustifiable aux yeux de la communauté internationale. Mais, parallèlement à cette fermeté, il convenait d'être moins vague sur la levée de l'embargo dont la première victime était, non pas le régime, mais le peuple irakien.

Deux tactiques se firent jour à l'égard de l'Irak. La première, celle de la Russie, consistait – et consiste toujours – à le contraindre de se plier effectivement aux Résolutions du Conseil de sécurité sur le désarmement ; il fallait aussi, toutefois, que les inspecteurs en viennent à clore tour à tour les quatre chapitres du dossier.

Ainsi, si l'on avait des indicateurs suffisants pour fermer le dossier nucléaire, autrement dit si rien ne semblait démontrer que l'Irak détenait l'arme atomique, il fallait tourner la page. J'insiste sur un point : il ne s'agissait pas de clore définitivement le dossier, mais simplement de passer du contrôle au monitoring, car la communauté internationale continuait à considérer l'éventualité de la présence d'armes nucléaires en Irak.

Le second dossier concernait les missiles. J'ai souvenir d'un entretien avec Butler à Moscou, alors que j'étais encore aux Affaires étrangères. À ma question : « Pouvez-vous dire, actuellement, avec certitude qu'il ne reste aucun lanceur de missiles à longue portée (plus de cent cinquante kilomètres) ni aucune ogive ? », il répondit : « Je le peux. » – « Alors pourquoi ne fermez-vous pas le dossier ? » Lui : « Entendez-vous avec les États-Unis et nous fermerons tout ce que vous voudrez. »

L'approche cynique du responsable de la mission d'inspection était bien dans la ligne choisie par l'Amérique : l'Irak ne devait pas rendre des comptes point par point, mais immédiatement pour les quatre dossiers – nucléaire, missiles, armes chimiques et armes bactériologiques. Cela n'empêchait pas, de mon point de vue, de lui laisser entrevoir « la lumière au bout du tunnel », de relâcher un peu la pression et d'accepter toute démarche constructive.

Les États-Unis se montrèrent intraitables. En décembre 1998, les bombardements et les tirs de missiles commencèrent en Irak. Le déclenchement des opérations militaires fut en grande partie favorisé par Butler qui avait présenté au Conseil de sécurité de l'ONU un rapport parfaitement partisan.

Comme il fallait s'y attendre, ce nouveau coup porté contre l'Irak ne résolut en rien le problème. Il ne fit que révéler, une fois de plus, le caractère dommageable de la tactique américaine, consistant à mettre la pression militaire sur ce pays, sans l'accompagner d'une stratégie politique et en transformant périodiquement les démonstrations de force en véritables guerres.

Mais revenons aux événements de 2002.

Dès l'été, il fut clair que Bagdad ne pourrait s'opposer longtemps à la mission d'inspection. Certes, la peur d'une opération militaire déclenchée par les USA eut incontestablement un impact sur l'Irak. Le 2 août 2002, après la visite dans ce pays du vice-ministre russe des Affaires étrangères A. Saltanov, le responsable de la Commission de l'ONU en charge du désarmement, du contrôle et des inspections, Hans Blix, fut invité à Bagdad pour envisager les moyens de rétablir un monitoring international du programme de désarmement de l'Irak. Moscou déclara aussitôt que la proposition irakienne représentait une avancée importante vers une solution politico-diplomatique « dans le cadre des Résolutions du Conseil de sécurité de l'ONU ». Le Secrétariat général de l'ONU et de nombreuses capitales, y compris parmi les États membres de l'OTAN, émirent une opinion analogue.

Mais Washington balaya d'un revers de main cette initiative et reprit sa préparation psychologique en vue d'une intervention militaire. Celle-ci s'accompagna de déclarations anti-irakiennes de la part de personnalités américaines, cependant que les « fuites » concernant le plan détaillé des opérations armées se multipliaient dans la presse. Ce conditionnement psychologique dépassait le cadre d'une simple pression sur les dirigeants irakiens ; il visait manifestement à mettre le monde entier sous tension, à l'accoutumer à l'idée que la solution unilatéralement décidée par les Américains – celle d'une intervention en Irak – était la seule possible.

Washington, cependant, en fit visiblement « un peu trop » et, dans une série de cas, sa campagne eut l'effet inverse.

On constate ainsi qu'au moment où les dirigeants américains mettaient l'accent, dans leurs déclarations, sur le fait qu'ils étaient prêts à se lancer unilatéralement dans une attaque armée de l'Irak, en ignorant superbement l'ONU, des pays de l'ancienne coalition de la guerre du Golfe se refusaient eux-mêmes à les soutenir.

La réaction de la Grande-Bretagne, seule alliée plus ou moins fidèle de Washington dans la question irakienne, est à cet égard caractéristique. Un sondage montre que 52 % des Britanniques se prononcèrent contre la participation de leur pays à cette action, et seulement 34 % pour. Cent soixante députés, membres du Parti travailliste au pouvoir, signèrent une déclaration dans laquelle ils se disaient « alarmés » de tels projets. Lors de pourparlers avec le roi de Jordanie, le Premier ministre Blair définit comme suit les priorités de la Grande-Bretagne : obtenir le retour des inspecteurs onusiens en Irak pour un monitoring des programmes militaires et des sanctions de l'ONU, le recours à la force n'étant envisageable qu'en cas d'échec complet. On répliquera que T. Blair ne tarda pas à revenir sur ses positions ; cependant, rien n'indique que l'opinion britannique, elle, ait changé.

Dans une allocution télévisée, le Premier ministre turc fit part de ses craintes devant l'éventualité d'une opération américaine en Irak. Il émit des doutes quant aux résultats d'une telle intervention. La Turquie redoutait par-dessous tout que des frappes américaines en Irak ne favorisent considéra-blement la création d'un État kurde au nord de son territoire.

Le ministre saoudien des Affaires étrangères déclara dans une interview à l'agence américaine Associated Press que son pays « s'opposait à toute intervention ». « Nous estimons, ajoutait-il, qu'il n'y a aucune nécessité de ce genre, surtout au moment où l'Irak prend des mesures conformes aux Résolutions de l'ONU. » Le Premier ministre jordanien réfuta la rumeur selon laquelle son pays pourrait servir de place d'armes aux forces américaines, en cas d'intervention en Irak. Le Koweït lui-même, victime d'une agression irakienne en 1990, exprima du bout des lèvres et avec une extrême prudence son soutien aux États-Unis. Son ministre de la Défense, Cheikh Jaber Mubarak al-Hamad al-Sabah, venu s'entretenir à Moscou avec son homologue russe S.B. Ivanov, déclara que son pays ne soutiendrait aucune action unilatérale des USA contre l'Irak.

De nombreux démocrates américains s'insurgèrent contre le mépris affiché de Bush envers le Conseil de sécurité des Nations unies, seul organe habilité à décider d'une opération en Irak.

L'ancien vice-président américain Al Gore critiqua violemment la politique de Bush, soulignant que les actions unilatérales de l'actuelle administration risquaient d'entraîner des problèmes juridiques au niveau international. Selon un sondage, 61 % des Américains estimaient qu'avant d'entreprendre quoi que ce fût en Irak, la direction US devait consulter ses alliés.

Un fait me semble illustrer parfaitement le sentiment d'une grande partie de la population américaine. Le 14 octobre 2002 (soit après l'attentat de Bali qui avait causé la mort de près de deux cents personnes), le *New York Times* (et non quelque obscur journal de seconde zone) publiait un dessin montrant Ben Laden et lui attribuant les propos suivants : « Je veux que vous frappiez l'Irak ! Je suis si heureux que le Congrès se soit prononcé en faveur d'une intervention en Irak ! Allez-y, passez à l'action ! Vos bombes ne feront qu'attiser la haine de l'Amérique et le désir de vengeance. Les Américains ne seront plus en sécurité nulle part. S'il vous plaît, attaquez l'Irak, oubliez un peu votre lutte contre Al Qaïda, divisez la communauté internationale ! Passez à l'action ! Déstabilisez la région ! Peut-être le Pakistan s'effondrera-t-il. Nous avons tellement envie de récupérer son arme nucléaire. Fournissez à Saddam des raisons de frapper le premier. Il est capable d'entraîner Israël dans la bagarre. Ce serait magnifique ! Alors, s'il vous plaît, prenez l'Irak ! Faites cela, et mon règne adviendra ! »

Cette page avait été financée par une des organisations américaines appelant à stopper le « glissement vers la guerre ».

Mais le plus dur pour Washington fut la réaction des pays européens, terriblement inquiets d'une possible décision unilatérale des États-Unis, concernant l'Irak. Le chancelier allemand G. Schröder se dit catégoriquement opposé à une opération militaire. Le président français J. Chirac jugea inacceptable le choix unilatéral des États-Unis.

Dans ces conditions, le président Bush préféra ne pas ignorer – comme il l'avait fait maintes fois dans ses allocutions – la nécessité d'une Résolution du Conseil de sécurité de l'ONU sur le recours à la force en Irak. Dans un discours prononcé devant l'Assemblée générale des Nations unies, le 12 septembre 2002, il déploya tout l'arsenal des arguments traditionnels en faveur d'une opération « contre le régime honni de Saddam Hussein », mais reconnut qu'il convenait au préalable d'obtenir l'accord du Conseil de sécurité (laissant également, il est vrai, aux États-Unis le « droit » de décider eux-mêmes). Néanmoins, la position américaine s'était un peu décrispée et des signes montrèrent que Washington commençait à sortir de son isolement complet – j'insiste : complet – sur la question irakienne.

La France, l'Allemagne, la Russie et d'autres États intensifièrent alors la pression diplomatique sur Bagdad, en faveur d'un retour des inspecteurs de l'ONU. Le 16 septembre 2002, les dirigeants irakiens informaient le Secrétaire général de l'ONU, Kofi Annan, qu'ils acceptaient sans conditions ce retour.

La crise entra alors dans une nouvelle phase. L'accord de Bagdad ne suffit pas à satisfaire Washington qui déclara que le problème n'était pas la mission des inspecteurs de l'ONU mais le désarmement de l'Irak. Puis les États-Unis multiplièrent les efforts pour obtenir du Conseil de sécurité la Résolution souhaitée.

Au terme d'un travail acharné sur le projet de Résolution américano-britannique, la Russie, la France et la Chine parvinrent à en supprimer ce qui, de façon inacceptable, visait à rendre automatique l'emploi de la force, tout en conservant les points clefs montrant que la communauté internationale prenait très au sérieux le problème irakien. On souligna qu'en cas de violation de cette Résolution, le Conseil de sécurité des Nations unies réagirait, au besoin par une intervention militaire.

L'Irak accepta la Résolution. Les inspecteurs de l'ONU reprirent leur travail. Selon le responsable de la mission d'inspection Hans Blix, il n'y eut pas de manifestations d'hostilité de la part des Irakiens et rien ne vint faire obstacle aux vérificateurs. L'Irak fut même d'accord pour ouvrir complètement son espace aérien aux avions espions de l'ONU. À la demande des inspecteurs, le Parlement irakien vota une loi interdisant au pays de fabriquer et de détenir des armes de destruction massive. Rien ne parut indiquer qu'on empêchait les inspecteurs de l'ONU de contrôler tel ou tel site.

Il va de soi que tout cela ne fut possible que grâce à la position très ferme adoptée par les États-Unis. Elle permit en grande partie d'ouvrir la porte à une résolution diplomatique et politique du problème irakien. Les États-Unis maintenaient néanmoins leur pression : le compte à rebours.

Désireuses d'éviter une issue dont les conséquences pouvaient être funestes, la Russie, la France et l'Allemagne unirent leurs efforts et firent une déclaration commune en faveur d'un désarmement pacifique de l'Irak. Il ressortit des propos des présidents Poutine et Chirac, lors de leur conférence de presse à Paris, que les trois États mentionnés ci-dessus envisageaient un accroissement du nombre des inspecteurs ainsi que la prolongation de leur mission.

Il est à noter que la participation de la Russie à cette action tripartite n'eut pas pour effet, comme devait le souligner Vladimir Poutine, d'attiser les sentiments anti-américains ; elle favorisa au contraire la recherche d'un compromis avec les États-Unis. C'est là un aspect important, car au même moment, à Bruxelles, trois pays membres de l'OTAN – la France, l'Allemagne et la Belgique – refusaient d'appuyer la décision de défendre, si nécessaire, la Turquie contre l'Irak, estimant que pareille résolution inciterait les USA à lancer leur opération militaire. Ceux-là mêmes qui, en Russie, approuvaient la position des « Trois » à Bruxelles – or c'était la majorité –, comprenaient le danger de la situation qui ne favorisait certes pas l'union des forces vives dans la lutte contre le terrorisme. Il en était, bien sûr, qui se frottaient les mains, se réjouissant de l'apparition de sentiments anti-américains en Europe ; mais ils ne faisaient plus « la pluie et le beau temps » chez nous.

La modération du président Poutine et de la politique russe dans son ensemble, en cet instant critique, s'accompagna d'une fermeté sans faille dans le refus de l'option militaire, d'autant plus dangereuse qu'elle accentuerait la division du monde selon le principe religieux, déstabiliserait une série de pays non-extrémistes du Moyen-Orient et affaiblirait le soutien international dont jouissaient les USA depuis le 11 septembre 2001.

Bush n'en partit pas moins « bille en tête », ce qui, dans le contexte du moment, n'était pas le plus approprié. Il ignora purement et simplement l'avis de la majorité des membres du Conseil de sécurité qu'il décida de contourner. L'intervention en Irak s'effectua au mépris de l'opinion publique internationale – pas seulement des pays arabes mais de presque tous les membres de l'Organisation des Nations unies – qui s'exprima par des manifestations d'une ampleur inouïe.

L'administration Bush ignora en outre superbement la mauvaise posture dans laquelle son action ne manquait pas de mettre sa plus fidèle alliée, la Grande-Bretagne.

La démission de Robin Cook, qui avait dirigé les Affaires étrangères britanniques entre 1997 et 2001, fit sensation. Les députés de la Chambre des Communes l'ovationnèrent lorsqu'il déclara qu'il ne pouvait approuver une guerre contestée au niveau international, désapprouvée par les Britanniques, l'ONU, l'Union européenne et l'OTAN. Ses propos selon lesquels « l'Irak ne détenait pas d'armes de destruction massive » retinrent d'autant plus l'attention qu'il avait eu accès, de longues années durant, aux rapports secrets du contre-espionnage britannique. La plupart des députés travaillistes – donc du parti qui avait porté Tony Blair au pouvoir – se prononcèrent contre la participation de la Grande-Bretagne à une intervention armée des États-Unis en Irak. Et si la décision contraire finit par l'emporter, ce fut avec l'appui des conservateurs.

L'administration Bush traita dès lors en parias les deux pays qui « donnaient le ton » en Europe, l'Allemagne et la France. Le président Poutine qualifia pour sa part de faute politique toute action inconsidérée en Irak.

La Russie, il faut le reconnaître, fit de son mieux pour empêcher l'intervention. Quand il devint clair que les nuées s'amoncelaient dans le ciel irakien, le président Poutine me convoqua dans la nuit du 21 au 22 février. Il me chargea de me rendre à Bagdad pour transmettre de vive voix un message à Saddam Hussein. Le lendemain, de bon matin, un avion m'attendait.

À Bagdad, je demandai une entrevue personnelle à Saddam Hussein. On me proposa de m'entretenir d'abord avec Tarek Aziz, mais je campai sur mes positions. Saddam me reçut dans un de ses palais. Il arriva en compagnie de T. Aziz et du président du Parlement irakien. Je dis à S. Hussein que je souhaitais le voir seul à seul.

Sur son injonction, on nous laissa. Je lui transmis le message du président Poutine qui s'adressait à lui en ces termes : si vous aimez votre pays et votre peuple, si vous voulez leur épargner une guerre – qui, hélas, se rapproche – et des victimes, renoncez à vos fonctions présidentielles et proposez au Parlement d'organiser des élections démocratiques. J'insistai sur le fait que, s'il décidait de partir, il devrait présenter cette décision comme une initiative personnelle : la Russie, en l'occurrence, ne poursuivait pas d'intérêts particuliers, elle lui proposait simplement une issue à une situation des plus graves, pour le bien de l'Irak et de son peuple.

Saddam Hussein me demanda si je pouvais répéter tout cela en présence de T. Aziz et du président du Parlement. En retransmettant le message du président Poutine, je remarquai que S. Hussein notait mes paroles dans un carnet et je pensai, je l'avoue, qu'il réagirait peut-être positivement. J'étais loin de compte ! Saddam Hussein prononça quelques phrases qui n'engageaient à rien, puis il me tapota l'épaule et s'en fut, accompagné des exclamations serviles de T. Aziz. Le président du Parlement, lui, ne souffla mot.

« Donnons-nous rendez-vous dans dix ans, on verra qui, de vous ou de notre président, avait raison ». Telles furent, lancées dans mon dos, les dernières paroles de T. Aziz.

À la demande de Vladimir Poutine, un compte rendu de ma mission fut transmis, par le canal du ministère des Affaires étrangères, aux dirigeants de certains pays arabes et au Secrétaire général de la Ligue arabe. Les ministres des Affaires étrangères d'une série d'États arabes voulurent alors faire le voyage de Bagdad, dans l'espoir d'influencer S. Hussein. Mais l'Irak refusa de les accueillir.

Quelques semaines plus tard, la guerre commençait, sanglante, une guerre qui allait faire des milliers de victimes civiles en Irak. Comme il fallait s'y attendre, les forces en présence étaient par trop inégales, les Irakiens se voyant confrontés à des troupes américaines et britanniques parfaitement équipées. Ils commencèrent par résister mais lâchèrent brusquement prise et les chars américains entrèrent dans Bagdad...

L'Irak n'est pas le seul pays à se trouver dans la ligne de mire de l'administration US. À en croire la presse américaine, la Syrie et l'Iran (contre lequel une vaste campagne de propagande a été lancée), pourraient bientôt être des cibles. Comme dans le cas de l'Irak, certains dirigeants américains jouent sur la fibre « ultra-patriotique » : ils veulent persuader la population que Bush junior a achevé le travail de son père en renversant Saddam Hussein et que l'intervention en Irak « rachètera » le douloureux épisode de la fin des années soixante-dix : l'opération militaire américaine contre le régime de Khomeiny qui, bien que locale, n'en avait pas moins échoué. Bref, vive l'Amérique, qui « n'oublie jamais » !

Une lutte permanente contre le terrorisme – voilà qui convient à la nouvelle doctrine américaine, axée sur les « opérations préventives » contre des ennemis arbitrairement fabriqués par les USA eux-mêmes. Dans plusieurs de ses allocutions, le président Bush a formulé son principe « offensif », ne faisant pas mystère de ce que les États-Unis prendraient l'initiative de frapper les États qui, de leur point de vue, menaceraient leur sécurité. Cette orientation de la politique américaine, fondée sur une interprétation toute particulière de la sécurité, fait fi du droit international et des droits des États souverains.

Le président Bush a sans doute raison de critiquer la conception de la stabilité – et de son maintien – qui prévalait au temps de la « guerre froide ». Il est clair que, dans le contexte actuel, la résistance à la pression ennemie et les avertissements ne peuvent suffire à assurer la paix, la stabilité et la sécurité au niveau régional, du moins dans les moments de crise. Mais peut-on pour autant considérer que l'administration américaine propose un véritable moyen de préserver la paix et de garantir la sécurité ? Sûrement pas, pour la simple raison que la solution américaine repose sur un refus des actions communes et affirme la suprématie des décisions unilatérales des États-Unis.

UN OU PLUSIEURS « CENTRES D'INFLUENCE » ?

La fin des superpuissances

Au temps de la « guerre froide », les deux blocs idéologiques qui s'affrontaient correspondaient, chacun, à une superpuissance : l'Union soviétique ou les États-Unis. Leurs relations déterminaient pour une grande part la situation internationale. Un troisième groupe était constitué par des États qui n'entraient pas dans un « bloc » militaire et formaient le mouvement, assez amorphe, des « pays non-alignés ». Cela n'empêchait pas certains d'entre eux de pencher pour l'un ou l'autre système, même si bien souvent des contradictions surgissaient, qui les renvoyaient vers des positions indépendantes affichées. Telles étaient, par exemple, les relations de l'URSS et de la Chine.

La fin de la « guerre froide » fut organiquement liée à l'effondrement de ce monde bipolaire. Le camp socialiste disparut, et avec lui le Pacte de Varsovie et l'Union soviétique. De nombreux commentateurs firent alors le constat de l'existence, désormais, d'une unique superpuissance : les États-Unis.

Ce constat, toutefois, ne reflète pas la réalité. La notion de « superpuissance » ne se définit pas avant tout en termes quantitatifs, même si les superpuissances qui dirigeaient les deux systèmes devaient être – et étaient – les États les plus puissants militairement. Ce critère n'est cependant pas suffisant : la superpuissance rassemble autour d'elle un conglomérat d'États dont elle garantit la sécurité et auxquels elle dicte les « règles du jeu ». Avec la fin de la « guerre froide », ce déterminant qualitatif ne convient plus ni à la Russie ni aux USA.

C'est là un point essentiel. Certes, les États-Unis sont actuellement les plus puissants du point de vue économique et militaire (rappelons qu'ils assument presque la moitié des dépenses militaires mondiales et près des trois-quarts de ce que l'ensemble de la planète consacre à la recherche et aux essais dans ce domaine) ainsi que par leur influence sur la politique internationale. Mais cela ne signifie pas qu'ils soient la seule superpuissance et qu'ils déterminent les destinées du monde. Il suffit pour le comprendre d'observer les changements survenus au niveau mondial depuis la fin de la « guerre froide » :

– héritière de l'Union soviétique, la Russie a opté pour une diversification de sa politique étrangère, ce qui l'a amenée à former des partenariats stratégiques avec des Etats très différents d'elle, sur la base d'intérêts nationaux communs ;

– le besoin du « parapluie nucléaire » américain ne se faisant plus sentir, l'Europe et le Japon sont devenus moins dépendants des USA ;

– la transformation du paysage politique et militaire apparaît aussi dans le fait que l'un des principaux terrains d'affrontement de la « guerre froide », l'Asie, s'est transformé en acteur dynamique des relations internationales ; certes, l'Asie ne forme pas un système uni et, de ce fait, elle ne constituera pas un « point de force », mais ni les USA ni aucune autre puissance n'ont le contrôle de la Chine (nul ne l'avait, d'ailleurs, auparavant). Il en va de même pour ce qu'il faut considérer *de facto* comme les nouveaux États « nucléaires » – l'Inde et le Pakistan – ou ceux en passe de le devenir – l'Iran et la Corée du Nord ;

– la plupart des pays d'Europe occidentale sont désormais unis par une monnaie commune, ce qui en fait une force économique comparable à celle des États-Unis ;

– la puissance économique de la Chine s'accroît à une vitesse folle, sa puissance militaire se renforce et il ne fait pas de doute qu'elle deviendra l'un des pôles du nouvel ordre mondial ;

– le Japon conserve son importance en tant que centre économique indépendant et manifeste sa volonté de prendre une part toujours plus grande à la marche du monde ;

– les processus d'intégration se sont renforcés en Asie du Sud-Est et en Amérique Latine, amorçant la création d'autres pôles, pas aussi affirmés ni aussi solides que l'Europe, mais avec des perspectives économiques de plus en plus manifestes ;

– les grands pays exportateurs de pétrole (excepté la Russie, le Mexique et la Norvège) dont les plus importants sont ceux du Proche et du Moyen-Orient, ont consolidé leurs positions par le biais de l'Organisation des pays exportateurs de pétrole (OPEP) qui régule les prix mondiaux du brut (et dont dépendent les tarifs d'autres ressources énergétiques), renvoyant, de fait, les USA au second plan[1] ;

– les pays actuellement très en retard dans leur développement économique n'adoptent pas forcément une orientation pro-américaine ; au contraire, l'influence des États européens, de la Chine et de l'Inde, entre autres, va croissant ;

– le mécontentement suscité par les décisions et actions unilatérales des États-Unis ne cesse d'augmenter pratiquement partout.

Toutes ces tendances semblent indiquer un mouvement vers un monde, non pas uni- mais multipolaire.

---

1. Les États-Unis ont trouvé une parade : ils tentent de s'affranchir de l'OPEP en s'adressant pour leurs importations de pétrole à des pays qui n'en font pas partie. Ils s'efforcent en outre de provoquer un schisme au sein de l'Organisation des pays exportateurs. Je songe ici à leur manœuvre réussie avec la Libye qui, assumant sa part de responsabilité dans « l'affaire de Lockerbie », a offert par là même aux États-Unis des perspectives de coopération dans le domaine pétrolier. Les médias non américains font également état de tentatives pour évincer, par la Libye, l'Arabie Saoudite comme exportateur principal, sous prétexte que, depuis quelque temps, le royaume arabe « déçoit les USA ». La réalisation de ces projets est toutefois peu vraisemblable à court terme, car il faut compter avec les États européens et le Japon qui n'ont pas intérêt à une déstabilisation, fût-elle temporaire, du marché mondial du pétrole.

L'impact de la mondialisation

Les inégalités dans le développement des pays ont enclenché dans le monde un mécanisme de globalisation. Jadis, ces différences provoquaient des redéfinitions des zones d'influence et de domination, au travers de guerres et de conflits armés. Avec le partage du monde en deux blocs opposés, puis l'apparition, sur la scène internationale, de nouveaux détenteurs d'armes de destruction massive, la confrontation s'est maintenue mais sans dégénérer en apocalypse mondiale. À dire vrai, les inégalités ne pouvaient, en elles-mêmes, provoquer la faillite du système bipolaire.

Libérés, avec la fin de la « guerre froide », de l'influence paralysante du système bipolaire, les processus de développement se sont brusquement « emballés », creusant encore les écarts, ce qui ne pouvait que se ressentir sur la mise en place du nouvel ordre mondial. Ce facteur, toutefois, ne joue pas en faveur de l'unipolarité, comme on aurait pu le penser après l'effondrement du système socialiste, mais au contraire de la multipolarité.

Le processus baptisé « mondialisation » (ou « globalisation ») – en d'autres termes, une plus grande interdépendance mondiale, des interactions économiques et politiques croissantes, des échanges internationaux plus nombreux engendrant forcément des changements qualitatifs au niveau de l'humanité – est-il à même de modifier la situation ?

La mondialisation est un long processus historique, dont chaque phase a ses particularités. À l'heure actuelle, elle tire sa principale force motrice des avancées scientifiques et techniques dans le domaine des communications, des liaisons et de l'informatique, ce qui a permis de « globaliser » les flux financiers et d'influer en souplesse sur la division mondiale du travail. La mondialisation s'en est trouvée considérablement accélérée.

À l'étape présente, les États-Unis jouissent incontestablement d'une place de leader, détenant les deux cinquièmes du potentiel scientifique et technologique mondial. C'est là un indicateur important. D'un autre côté, la part du Japon dans ce domaine (30 %) n'est pas non plus négligeable, de même que celle de l'Allemagne (16 %). Il apparaît donc que le processus de globalisation ne sera pas initié à partir d'un « point » unique.

Les USA mènent une lutte féroce pour conserver leur position dominante dans le domaine scientifique et technologique, ce qui souligne encore leur rôle dirigeant dans le processus de mondialisation. Mais cela ne signifie pas pour autant que l'ordre mondial en cours d'instauration sera forcément unipolaire. Ce sont deux choses différentes et il importe, à cet égard, d'avoir une juste appréciation des rapports entre les « trois niveaux » qui caractérisent aujourd'hui le développement de l'économie mondiale : la globalisation, l'intégration des États et la transnationalisation des entreprises.

L'intégration est un processus régional à part, doté de sa propre logique de développement. Il arrive qu'il ne coïncide pas avec la globalisation, voire qu'il lui fasse objectivement obstacle, par exemple dans le cas de l'adoption de l'euro sur le territoire de l'Europe intégrée. Naturellement, les contradictions de ce genre sont limitées. Aussi ne peut-on, comme d'aucuns, fonder sur elles des espoirs particuliers. Mais ce n'est pas une raison pour en nier l'existence.

La transnationalisation des entreprises est également un processus indépendant. On peut y voir un lien avec la globalisation, et cependant, les contradictions sont bien là. Si les États-Unis occupent une place dominante dans la mondialisation, cela ne se reporte pas automatiquement sur les phénomènes de transnationalisation, dont l'évolution ne suit pas un schéma précis et qui dépendent des capitaux de nombreux pays, et non d'un seul. En l'occurrence, les capitaux prennent un caractère supranational, en aucun cas américain.

La globalisation réduit objectivement l'importance des gouvernements nationaux et l'on peut avoir l'impression qu'elle œuvre à la création d'un centre de décision unique dans le monde – de préférence le pays ou le groupe de pays qui aura effectué les plus grandes avancées dans le domaine scientifique et technologique. En réalité, les souverainetés nationales demeurent très stables et solides, et la planète est loin de réaliser les prévisions d'un précurseur de la globalisation, Kant, concernant l'instauration d'un gouvernement unique.

Rien ne nous permet de penser que l'administration de Bush junior n'a pas pris en compte cette réalité. Rien ne nous permet de penser, non plus, qu'elle ne cherche pas à briser cette tendance à la multipolarisation et à renforcer le mouvement vers un monde unipolaire, afin de préserver la place dominante des États-Unis dans le monde.

Contre la réalité objective

En Europe, les États-Unis ont misé sur l'élargissement de l'OTAN. Est-ce à dire qu'ils mettent à profit le désir d'une série d'États d'Europe centrale et orientale d'entrer dans l'Alliance atlantique ? Cela ne fait pas le moindre doute. Ce désir existe pour de multiples raisons et les USA y prennent appui dans leur opération d'élargissement. Mais, pour Washington, l'essentiel n'est pas de répondre aux vœux de ces pays, naguère membres du Pacte de Varsovie, ou des États baltes qui faisaient partie de l'URSS. En élargissant l'OTAN, Washington – pour des motifs évidents, cet aspect des choses n'est guère mis en lumière – fait contrepoids au « centre européen » en cours de formation avec l'élargissement de l'Europe. Si les États-Unis n'occupent pas une position dominante dans l'Union européenne, au sein de l'OTAN le tableau est radicalement inverse. Aussi le rôle dirigeant des USA dans l'élargissement de l'Alliance est-il associé à une volonté de conserver une place de leader en Europe, quelles que soient les tentatives de l'Union européenne pour se renforcer et s'agrandir.

Il est notable que les nouveaux membres de l'OTAN et les candidats à l'entrée dans l'Alliance se soient prononcés en faveur de l'intervention américaine en Irak, rendant par là même un fameux service à Washington, alors que les deux « coryphées » de l'Union européenne – l'Allemagne et la France – étaient catégoriquement contre. Commentant l'événement le 7 février 2003, la chaîne Euronews déclarait que les nouveaux prétendants au titre d'Européens auraient sans doute quelques obstacles supplémentaires à franchir avant d'entrer dans l'Union.

Quoi qu'il en soit, l'OTAN restera à court terme – jusqu'à la fin de la décennie en cours – la principale force militaire occidentale en Europe. Il y a en outre tout lieu de penser que, dans le même temps, sa composante politique prendra de l'envergure. Les États-Unis comptent en profiter pour garder la haute main sur une « Europe sans la Russie », surtout dans un contexte de déclin manifeste de l'Organisation pour la sécurité et la coopération en Europe (OSCE). Cela explique peut-être que l'idée d'une diminution radicale de la présence militaire américaine en Europe, si populaire avant l'élection américaine et si abondamment utilisée par Bush pour critiquer la politique de Clinton, ne soit même plus évoquée par la nouvelle administration.

Cependant, les États-Unis auront quelques difficultés à préserver leur position dominante en Europe. Rien n'indique, bien sûr, que l'antagonisme entre la

Communauté et les USA ira croissant dans les prochaines années. Les contradictions se feront plus marquées, mais l'UE ne cherche ni ne cherchera à bouter les Américains hors du continent. Ce n'est d'ailleurs pas non plus dans l'intérêt de la Russie qui ne peut ni ne doit fonder sa politique sur une exploitation des tensions entre les pôles de pouvoir et d'influence en cours d'installation dans le monde. Nous sommes donc à l'opposé de ce que l'on entendait aux Congrès du Parti, à l'époque où les relations internationales étaient idéologisées à l'extrême.

Il ne s'agit pas, aujourd'hui, d'affaiblir des États – des ennemis idéologiques – mais de créer les conditions de la stabilité dans le monde. Il n'en demeure pas moins que le maintien de relations transatlantiques ne doit pas être confondu avec une hégémonie américaine dans la politique de l'UE. Ce n'est d'ailleurs pas la tournure que semblent prendre les événements. Lentement mais sûrement, l'UE se dote d'une composante politique et militaire, et plus seulement économique. Ce processus suit obstinément son cours, sans véritable conflit avec l'OTAN.

Bien plus, tous les documents sur le sujet prennent grand soin de souligner que les Forces armées européennes ne seront pas en concurrence avec l'OTAN, qu'elles complèteront au contraire l'Alliance atlantique. Il n'empêche que ces Forces se mettent en place malgré la position très négative – cela saute aux yeux, même si les choses semblent s'être un peu calmées – des USA sur la question, ce qui atteste une nouvelle fois d'une tendance persistante à créer un monde multipolaire. Il me paraît très important d'observer l'évolution de cette composante militaire européenne. L'UE, à sa naissance, n'envisageait pas un instant de s'occuper de ces questions. Sa vocation apparaissait comme purement économique. On entreprit ensuite l'élaboration d'une politique étrangère commune, ainsi que d'une conception de la « sécurité autre que militaire ». On restait encore dans le cadre de l'UEO, c'est-à-dire, pour une bonne part, de l'OTAN. Mais on ne tarda pas à s'y sentir à l'étroit.

Le tournant fut pris, semble-t-il, avec la déclaration commune franco-britannique de Saint-Malo, en décembre 1998. Il y était dit que « l'UE doit assumer pleinement son rôle sur la scène internationale... L'Union a besoin, pour des actions indépendantes, d'une force armée digne de confiance et d'un mécanisme de décision pour le recours à cette force ». La phrase de routine selon laquelle, en cas de complications internationales, ce recours s'effectuerait dans le respect « des engagements envers l'OTAN », ne change pas le fond du problème[1].

La véritable signification de la déclaration de Saint-Malo est apparue à travers la réaction des USA. Dans les colonnes du *Financial Times*, la secrétaire d'État Albright mettait en garde contre le danger d'une scission de l'OTAN, d'un redoublement des forces de

1. Déclaration commune sur la Défense européenne, Sommet franco-britannique de Saint-Malo, 3-4 décembre 1998.

défense et d'une discrimination envers les membres de l'OTAN n'appartenant pas à l'UE[2].

Le processus suit néanmoins son cours. Ces dernières années, l'UE s'est dotée d'une structure de commandement militaire, d'un centre de traitement des informations de satellites espions ; elle a décidé de mettre au point son propre système de navigation « Hélios », un avion de transport militaire. L'intégration de l'industrie de guerre ouest-européenne avance à grands pas. À la fin de 2003, l'UE doit disposer d'une force et d'équipements capables de maintenir sur une durée d'un an une mission de soixante mille hommes. On s'attend à ce que la Conférence intergouvernementale des pays de l'UE, en 2004, donne le jour, ainsi que l'annonçait Lord Owen, « à une logistique de défense particulière et adaptée »[3].

La volonté de conserver une position dominante dans le monde alimente en grande partie la décision américaine de créer un système national de défense antimissile. Je partage entièrement l'avis des chercheurs russes A.A. Kokochine, V.A. Vesselov et A.V. Liss, qui déclarent à ce propos : « Les motifs de la création du "bouclier" antimissile ne sont pas à chercher, aujourd'hui, dans le seul domaine technologique, dans des tentatives pour sortir du "tout nucléaire" ou pour se protéger d'un danger en forme d'hypothétiques fusées nord-coréennes. Il semble qu'il importe avant

2. *Financial Times*, 7 décembre 1998.
3. *Vestnik Evropy*, vol. IV, 2002, p. 46.

tout aux Américains de garder leur singularité dans le nouveau paysage stratégique de ce début du XXIe siècle. » Pour les trois chercheurs, cette visée – qui passe notamment par un « retranchement » dans une « forteresse » américaine – apparaît aussi comme une alternative au monde multipolaire en construction[4].

La ligne choisie par les USA pour faire obstacle au processus de multipolarité se dessine clairement comme un nivellement du rôle de l'ONU, l'affirmation de la pratique d'opérations armées unilatérales, toutes choses évoquées ci-avant. Or, aussi paradoxal que cela paraisse, la multipolarité est dans l'intérêt de la communauté mondiale tout entière, donc des USA. Elle seule peut créer des conditions optimales pour répondre aux nouveaux enjeux de notre sécurité, en premier lieu à la menace terroriste. N'oublions pas que la seule alternative est un monde unipolaire, autrement dit « américanocentré » et comportant en lui-même une charge agressive inacceptable pour la plupart des États.

Il y a tout lieu de croire que dans un hypothétique monde unipolaire, la confrontation ne pourrait que s'accentuer dans les relations internationales. Durant la « guerre froide », la bipolarité a causé bien du tort de part et d'autre (il importe peu de savoir qui a été le plus nocif). Mais il y avait malgré tout un équilibre qui

4. *Cf.* A.A. Kokochine, V.A. Vesselov, A.V. Liss, *Sderjivanié vo vtorom iadernom vekié (Le désarmement au deuxième siècle nucléaire)*, Académie des sciences de Russie, Institut des questions de sécurité internationale, Moscou, 2001, p. 47.

limitait les manifestations les plus négatives de la politique des USA et de l'URSS. Dans l'hypothèse d'un monde unipolaire, il n'y aurait pas rééquilibrage possible et les inégalités dans le développement des États apparaîtraient essentiellement sous la forme d'antagonismes. Peut-on imaginer un seul instant, dans un monde dominé sans partage par les USA, la Chine essayant, par exemple, de devenir un nouveau pôle mondial, un nouveau centre de pouvoir ?

Cet exemple montre aussi que la multipolarité ne peut passer par une phase « unipolaire » de transition. Certains experts estiment qu'à l'heure actuelle, un système international pourrait se mettre en place avec un centre unique, les USA (car, disent-ils, qu'on le veuille ou non, c'est vers cela que tout tend), mais que, par la suite, une série d'autres États ou unions d'États prétendraient à jouer un rôle central sur la scène internationale. Ce schéma risquerait de ramener la communauté internationale au stade d'une confrontation globale sans merci.

L'Américain S. Huntington décrit ainsi le monde unipolaire : « Une superpuissance, quelques puissances de second ordre et beaucoup de petits États. » Pour lui, la puissance dominante serait en mesure de résoudre efficacement, sans l'aide de quiconque, les problèmes internationaux et aucune combinaison d'États n'aurait la capacité d'entraver son action. Le monde actuel n'a pas besoin d'une telle puissance dominante. Au demeurant, même une puissance dominante semble incapable, historiquement, de créer un monde unipolaire.

DES LEÇONS POUR TOUS

Voir la forêt derrière les arbres

Le 11 septembre 2001 marque pour certains l'avènement d'une ère nouvelle. Il n'en est rien. Les événements du 11 septembre n'ont rien changé aux grandes orientations du monde : en économie, une société post-industrielle, empêtrée dans les processus de globalisation, d'intégration des États et de transnationalisation des entreprises ; en politique, un renforcement des fondements démocratiques au niveau intérieur et dans les relations internationales, ainsi qu'au niveau du fédéralisme dans les États pluriethniques ; dans la culture, un rapprochement entre les civilisations ; enfin, concernant le nouvel ordre mondial, le passage d'un système bipolaire à un système multipolaire. Le 11 septembre n'en reste pas moins un épisode important qui risque d'avoir un gros impact sur les évolutions évoquées ci-dessus. Il serait erroné de réduire cet impact à l'élaboration d'une politique commune et à sa mise en pratique dans la lutte contre le terrorisme. S'il s'agit là d'un aspect non négligeable de l'action internationale, celle-ci ne doit pas s'y borner strictement. J'ai déjà mentionné la nécessité d'adopter une Charte fixant les « règles de conduite » des États face aux organisations et groupuscules terroristes ; j'ai parlé de nouvelles formes d'actions communes des Services spéciaux.

La liste de ce qu'il convient de faire ne s'arrête pas là. De nombreux pays doivent, au niveau intérieur, être mieux préparés à combattre le terrorisme. Cela implique le rejet de tout laxisme. On notera que, jusqu'à présent, les terroristes agissent beaucoup plus librement et plus facilement dans les démocraties que dans leurs pays d'origine. Cela ne signifie certes pas qu'il faille placer un signe d'égalité entre renforcement de la sécurité et entrave aux libertés et aux droits. Il serait néfaste pour toute société (y compris celle de Russie) de transformer la lutte antiterroriste en manipulation mettant en danger les principes démocratiques.

Il convient de le clamer haut et fort, car les grands chocs ne manquent jamais d'alimenter les vocations au maintien de l'ordre et de la sécurité, non par un renforcement des contrôles et de la discipline, non par une plus grande vigilance, mais par la mise en place d'un mode de gouvernement autoritaire.

Les leçons du 11 septembre 2001 doivent être envisagées très largement. Il convient de s'intéresser d'abord aux causes du terrorisme international. L'une d'elles, nous l'avons dit, réside dans l'incapacité à régler des conflits régionaux ou ethniques et religieux à l'intérieur des États. Le Moyen-Orient nous fournit là un champ d'observation parfaitement contrasté. Anéantir les foyers terroristes potentiels est une de nos tâches les plus urgentes à court terme.

En même temps, il nous faut considérer d'un œil neuf les relations Nord-Sud, ainsi que les rapports Est-Ouest qui, quoi qu'on en dise, ont encore leur importance, même après la « guerre froide ». La lutte anti-terroriste exige que l'on éradique, dans les relations Nord-Sud et Est-Ouest, tout ce qui engendrait ou accompagnait, naguère, le terrorisme sur la scène internationale.

Autre tâche difficile, à long terme celle-ci : relever le niveau de vie de la plus grande partie de la population mondiale, même si, à la différence de nombreux politologues, je ne tiens pas la pauvreté du Sud pour une cause majeure de l'accroissement du terrorisme (ce qui ne doit en aucun cas suggérer que je minimise la nécessité de remédier à cet état de fait). Car le Sud n'est pas uniforme et la terreur, comme méthode, a tout autant ses racines dans le Nord.

Rappelons en outre que les structures terroristes sont créées et alimentées par des ressortissants de pays qui sont loin d'être les plus pauvres du monde. J'y verrais plutôt un refus du déséquilibre quant aux droits et possibilités dont jouissent les pays les plus riches, et cela d'autant plus que cette inégalité ne tient pas, bien souvent, à la supériorité matérielle et technologique du Nord, mais aux conditions injustes et discriminatoires faites au Sud.

Un renoncement général aux visées impériales, aux « doubles standards » (ce qui est permis aux États du

Nord ne l'est pas à ceux du Sud) contribuerait sans nul doute à assainir la situation. Il est en outre vital d'améliorer l'action des Nations unies dans la mise au point et l'application des règles du nouvel ordre mondial. Sous ce rapport, l'ONU peut agir dans plusieurs directions, depuis l'instauration d'un cadre juridique permettant au Sud de bénéficier des acquis de la technologie et de la démocratisation du savoir, jusqu'à l'éradication de toute forme de discrimination.

Il est clair que la création d'un monde juste ne peut aller sans certains engagements du Nord. Il s'agit avant tout de respecter les droits de l'homme, de démocratiser la société, mais sans prendre en tous points le Nord pour modèle et en tenant compte des spécificités et des traditions historiques.

Quelques mots sur la nécessité de reconsidérer complètement les relations Est-Ouest. Les États concernés n'ont jamais été définis par des critères géographiques ; ils se rattachaient à l'Ouest ou à l'Est pour des raisons politiques. À la fin du XXe siècle, la frontière séparant ces deux entités est tombée à maints égards, mais pas complètement. La « guerre froide » terminée, il demeure nécessaire, ne fût-ce qu'à un niveau théorique, de ne pas perdre de vue que l'état de choses antérieur n'a pas complètement disparu, surtout en ce qui concerne la stratégie nucléaire, domaine dans lequel la bipolarité existe toujours.

Dans un tel contexte, comment souder entre elles les forces antiterroristes ?

Commençons par quelques vérités incontestables, me semble-t-il.

Ce n'est pas par des décisions unilatérales – fussent-elles l'apanage de la plus grande puissance du monde –, mais par la cohésion et l'unité de la communauté internationale qu'un nouvel esprit pourra être insufflé aux relations internationales. L'interaction des forces vives ne doit pas se fonder sur des principes religieux et culturels, ni sur l'acceptation des points de vue et opinions de ceux qui organisent l'action antiterroriste ; en d'autres termes, il n'y a pas lieu de les suivre aveuglément dans n'importe quelle direction.

On ne pourra mettre en place un front antiterroriste solide que si les États, et en premier lieu les principaux acteurs de la scène internationale, recourent, pour assurer leur propre sécurité et la sécurité collective, à des méthodes n'allant pas à l'encontre des intérêts d'autrui. Le monde doit éviter tout retour à la situation de la « guerre froide », où les États-Unis et l'URSS partaient souvent du principe que la victoire ou la défaite de l'un dans n'importe quel domaine entraînait forcément le résultat inverse pour l'autre.

Aujourd'hui où les intérêt convergent sur de nombreux plans – notamment la lutte contre le terrorisme –, le contexte est radicalement différent. La possibilité existe désormais d'une plate-forme commune pour de nombreuses décisions au niveau de l'humanité tout entière, à la condition, toutefois, que soit revue l'approche des grands problèmes, surtout dans un domaine aussi sensible que la sécurité.

Les grands problèmes de sécurité

Il me semble nécessaire, à cet égard, de parvenir à s'entendre sur trois points indissolublement liés : la militarisation du cosmos, les systèmes antimissile et la lutte contre la prolifération nucléaire. Les circonstances nouvelles qui sont aujourd'hui les nôtres doivent influer sur notre vision de ces problèmes et sur les voies empruntées pour les résoudre. N'est-il pas caractéristique qu'après le 11 septembre 2001, le nombre d'Américains accordant la préférence à la défense antimissile plutôt qu'à d'autres formes d'armements ait radicalement baissé, si l'on en croit un sondage du magazine *Newsweek* ? Parmi les personnes interrogées, ils n'étaient plus que 18 %, contre 71 % se prononçant, de fait, pour une révision de la politique et de la pratique US en matière militaire[1].

1. *Newsweek*, 19 septembre 2001.

La polémique autour de la militarisation du cosmos n'est pas nouvelle, mais la question se fait de plus en plus aiguë ces derniers temps. Si l'on n'y prend garde, en effet, on laissera se mettre en place une situation tragique à laquelle il sera très difficile de remédier, du moins à court terme. Il y a également urgence, parce que les Américains ont annoncé leur intention de mettre en place un « bouclier » antimissile, ce qui implique une militarisation partielle de l'espace. Non seulement cela n'aide en rien à la lutte antiterroriste, mais celle-ci s'en trouve compliquée, du fait que ce programme divise les États dont les intérêts deviennent antagonistes.

Si, mettant à profit leur immense potentiel économique et technologique, les États-Unis parvenaient à établir leur domination dans un espace militarisé, les autres États ne seraient tout bonnement pas en mesure, à l'heure actuelle, de leur faire concurrence. Les USA détiendraient alors un monopole, non seulement dans la défense antimissile, mais encore dans le domaine des nouvelles armes offensives et défensives liées à l'espace. Cela ne manquerait pas de changer radicalement la situation politique et militaire dans le monde. Les États-Unis n'ayant aujourd'hui aucun adversaire à leur mesure, cela pourrait inciter les cercles américains favorables aux décisions unilatérales, à imposer ces dernières par la force, et pas seulement aux « États-voyous ».

Il est un second cas de figure possible. D'autres États industrialisés, et disposant d'un bon potentiel technologique, pourraient ne pas accepter le monopole et la prépondérance des Américains dans l'espace, et développer au maximum leurs propres programmes de militarisation du cosmos. Il en résulterait une course aux armements dans l'espace, aux conséquences imprévisibles. Qui croirait que la sécurité internationale – et même, plus simplement, celle des États-Unis – s'en trouverait renforcée ?

L'histoire nous donne à cet égard une sérieuse leçon : l'URSS et les USA ont, un jour, eu assez de bon sens pour protéger le cosmos contre la course aux armements. On sait que d'août 1958 à novembre 1962, les États-Unis ont effectué neuf essais nucléaires dans l'espace. L'URSS en compte quatre pour sa part, et un dans les couches supérieures de l'atmosphère, entre octobre 1961 et novembre 1962. L'objectif, pour les deux États, était de pouvoir recourir à des explosions nucléaires afin de neutraliser les missiles balistiques d'un ennemi potentiel. Ces essais ont causé des perturbations considérables dans le champ magnétique de la Terre, pour ne rien dire des déchets polluant l'espace. L'URSS et les USA ont pourtant fini par comprendre que la poursuite de ces expériences risquait d'empêcher les satellites proches de la Terre de fonctionner normalement, ce qui serait préjudiciable aux communications civiles et militaires, et surtout, faussant les données, mettrait hors d'usage les systèmes de détection pour les tirs de missiles.

Au temps de la « guerre froide », cette situation pouvait mener le monde à la catastrophe. Sans compter que la poursuite des essais nucléaires risquait de fermer des pans entiers de l'espace à la circulation.

Les États-Unis et l'Union soviétique s'accordèrent alors pour mettre conjointement un terme à ces expériences, réservant l'espace pour les besoins scientifiques et commerciaux, ce qui n'excluait pas des mesures de défense passive, telles que la mise en place de satellites espions. 1963 vit la signature du traité d'interdiction limitée des essais nucléaires, notamment dans l'espace. En 1967, les deux pays concluaient un nouvel accord, ouvert à d'autres signataires éventuels, interdisant le déploiement d'armes de destruction massive dans l'espace. D'autres traités ne tarderaient pas à accroître les restrictions : interdiction de faire obstacle au fonctionnement des moyens de contrôle disposés dans l'espace, d'installer ou d'utiliser dans l'espace des systèmes de défense antimissile. Tout cela n'empêcha pas les États de continuer à mettre leurs satellites – y compris militaires – sur orbite, mais, à ce jour, il n'y a pas d'armements, au sens propre du terme, dans l'espace qui reste, au même titre que l'Antarctique, une zone démilitarisée.

Les tentatives pour intégrer l'espace dans la défense active se poursuivirent néanmoins et elles ne se limitèrent pas à des projets de création de « boucliers » antimissile, avec installation de bases dans l'espace. Au début de 2001, une Commission du Congrès américain, dirigée par D. Rumsfeld, actuel secrétaire d'État à la Défense, envisageait une révision du statut de l'espace, en faveur d'un déploiement rapide d'armements américains pour « protéger les satellites et autre technologie spatiale » US. Les recommandations de la Commission ouvraient la porte à la course aux armements dans l'espace et risquaient de faire sérieusement obstacle aux projets spatiaux à buts scientifiques et commerciaux en cours, y compris aux projets internationaux.

L'initiative de la Commission Rumsfeld suscita de vives critiques, et pas seulement à l'extérieur des USA. Les sénateurs démocrates s'y opposèrent catégoriquement et les plans américains de militarisation de l'espace furent freinés. Les problèmes financiers et, manifestement, techniques, y furent sans doute aussi pour quelque chose. Il n'en demeure pas moins que le temps presse et que le problème de la non-militarisation de l'espace doit être résolu dès à présent.

La solution n'est probablement pas dans une interdiction formelle d'installer un « bouclier » antimissile. Il conviendrait plutôt d'entamer des consultations scientifiques et techniques en vue de limiter au maximum l'utilisation active de l'espace à des fins militaires. Nous ne manquons pas d'expérience en la matière. Experts russes et américains ont déjà, en leur temps, à Genève, trouvé des réponses aux questions de limitation des systèmes de défense antimissile stratégiques et tactiques. À Helsinki, en 1997, j'ai personnellement pris part à la définition d'une série de critères permettant de baliser la mise en place de systèmes ABM. Fait notable, à Helsinki, la Russie et les États-Unis ont adopté un train de mesures permettant de réagir aux inévitables vides juridiques apparaissant au fur et à mesure des avancées scientifiques et technologiques. Il est entre autres prévu d'organiser des consultations régulières pour mettre au point de nouveaux accords, mieux adaptés aux nouvelles réalités.

Tous ces points d'une importance extrême ont fait l'objet d'un accord, signé en septembre 1997 à New York, par M. Albright et moi. Je n'irai pas jusqu'à dire que les négociations d'Helsinki se sont déroulées sans heurt. Mais avec la collaboration de militaires des deux pays, nous sommes parvenus à des résultats satisfaisants, tant pour les Américains que pour nous. Cette expérience ne montre-t-elle pas l'intérêt d'éviter les décisions unilatérales ?

L'interdiction d'une utilisation militaire passive de l'espace n'est pas non plus la solution. Il eût fallu s'en soucier plus tôt. En outre, l'interdiction de déployer des moyens de contrôle dans l'espace eût affaibli le système de « contrôle des armements ». Il convient de songer, non à supprimer mais à adapter ce système aux nouvelles menaces clairement apparues depuis la fin de la « guerre froide ». À cet égard, la Russie propose notamment la création commune de systèmes antimissile, capables d'assurer la sécurité, non seulement des USA mais encore d'autres parties du monde – Europe, Asie – en cas d'agression nucléaire. Cette tâche impliquerait de mettre à profit le potentiel intellectuel et technologique des États-Unis bien sûr mais aussi d'autres États et, surtout, cela exclurait les soupçons d'une possible utilisation de l'ABM dans l'intérêt d'une puissance en particulier.

Il conviendrait en même temps d'envisager des mesures pour protéger, sans recourir au nucléaire, les moyens de contrôle et de renseignement déployés dans l'espace, rendant impossibles leur destruction ou leur mise hors service. On pourrait en outre inclure dans ces mesures la création de systèmes anti-satellites, à partir de bases spatiales mais aussi terrestres, navales et aériennes.

L'union de toutes les forces antiterroristes ne naîtra pas de l'accumulation, par un État, de nouveaux types d'armements, de sa percée monopolistique dans l'espace ou des appels à rivaliser avec lui dans cette zone encore non-militarisée, mais bien d'accords internationaux raisonnablement restrictifs, dans l'esprit de celui, relatif à l'espace, signé en 1967. La mise au point de ces nouveaux accords pourrait se faire avec la participation de tous les pays désireux de préserver l'accès à l'espace et son utilisation à des fins scientifiques et commerciales. Le nombre des pays concernés ne pourra qu'augmenter, constituant une base supplémentaire pour unifier la communauté mondiale.

C'est sous cet angle qu'il faut aussi considérer le problème du traité ABM. La nécessité de le conserver et de le respecter a fait couler beaucoup d'encre et la plupart des États – dont beaucoup sont membres de l'OTAN – partagent ce point de vue, considérant cet accord comme la pierre angulaire de la stabilité stratégique d'aujourd'hui et de demain, le principal obstacle à la course aux armements.

Je ne m'étendrai pas davantage sur la question, déjà abondamment traitée ailleurs. D'un autre côté, les événements du 11 septembre ont mis en lumière une seconde fonction positive essentielle du traité ABM : son influence sur la non-prolifération nucléaire.

La non-prolifération a toujours été intrinsèquement liée au processus de désarmement. Les pays désireux d'entrer dans le « club » nucléaire allèguent qu'ils y sont contraints, faute d'un désarmement nucléaire général. Certes, le désarmement est un processus difficile, mais il a été amorcé par le traité ABM dont le préambule fixe, d'une manière qui n'a rien de formelle, l'objectif suivant : « Mettre au plus vite un terme à la course aux armements nucléaires et prendre des mesures effectives en vue de limiter les armements stratégiques, de procéder au désarmement nucléaire et complet de la planète. »

De toute évidence, nous sommes loin du compte. Mais le traité ABM, par les accords qu'il a finalement engendrés, a amorcé la réalisation d'un véritable désarmement nucléaire.

Ces éléments expliquent l'intérêt porté par tous les États sans exception, aux destinées du traité ABM.

Il est un autre aspect essentiel du problème. Les États-Unis en ont unilatéralement décidé l'abrogation, ignorant par là même l'opinion de l'immense majorité de la communauté mondiale, et cela au moment où la Russie choisissait de ne plus se montrer aussi intraitable sur la question de l'intégrité du traité ; au moment où, faisant un geste en faveur des USA, elle acceptait d'engager des consultations pour son maintien, après quelques modifications acceptables. La démarche russe n'était pas motivée, en l'occurrence, par la seule volonté d'empêcher les Américains de commettre un acte irréfléchi ni de préserver ce fondement juridique et international si important de la stabilité ; il faut y voir aussi la crainte que l'abrogation du traité ABM n'incite à une attitude tout aussi nihiliste à l'égard d'autres engagements internationaux. Pareil comportement serait des plus néfastes aujourd'hui, où il convient d'étayer les actions antiterroristes par des engagements précis au niveau des États, engagements qui, nous l'avons dit, pourraient être fixés dans une Charte.

Mais revenons à la non-prolifération des armes de destruction massive. Cette question va bien au-delà du maintien du traité ABM, aussi important soit-il.

Nul ne peut prétendre que l'élargissement du « club » nucléaire à la fin du XXe siècle ait fait l'effet d'un coup de tonnerre dans un ciel sans nuage. Deux rapports publics des Services de renseignement extérieur de Russie (SVR), en 1992 et 1995, traitaient de manière assez détaillée la question des pays soupçonnés de posséder l'arme nucléaire ou proches de l'acquérir. Ils précisaient en outre les critères permettant de ranger les États dans telle ou telle catégorie.

L'opinion mondiale se pencha avec intérêt sur ces rapports. Ils furent à l'origine de discussions fort productives du SVR avec la CIA et les Services d'une série d'autres États, sans toutefois parvenir à empêcher la prolifération.

Existe-t-il, d'ailleurs, des remèdes au problème ? La question n'est pas vaine, car le maintien de la stabilité internationale dépend aujourd'hui pour beaucoup, sinon essentiellement, de notre capacité à répondre positivement à cette interrogation.

Il faut bien reconnaître que si le traité d'interdiction limitée des essais nucléaires (1963) et celui de non-prolifération (1968) ont joué un rôle important, ils n'ont pas empêché l'augmentation du nombre de pays membres du « club » nucléaire. Au demeurant, certains États n'ont pas signé ces traités et la communauté internationale n'a pas réagi avec la fermeté requise, se contentant d'une réplique assez molle, purement verbale.

Que faire, à présent ? Renvoyer l'Inde, le Pakistan et Israël dans le camp des États non-nucléaires ? Il n'y faut pas songer. Bien des choses dépendront désormais du règlement des conflits régionaux dans lesquels ces pays sont impliqués. Il importe toutefois d'envisager, dès à présent, des mesures visant à accroître la responsabilité de ces nouveaux membres du « club », pour le cas où ils recourraient à l'arme nucléaire ou la livreraient à d'autres États. Ils pourraient également avoir à répondre d'éventuelles violations de l'interdit portant sur la transmission d'informations et de technologies aux pays désireux de se doter d'un armement nucléaire.

Des mesures particulières devraient être prévues pour les États soupçonnés de détenir l'arme nucléaire ou proches d'y parvenir. L'heure est venue – les événements du 11 septembre y incitent – de mobiliser toutes les ressources intellectuelles et la volonté des principaux acteurs de la scène internationale, en vue d'empêcher la prolifération nucléaire. S'il est sans doute impossible d'y parvenir à 100 %, il est en revanche indispensable de freiner le processus, de le rendre de plus en plus complexe, jusqu'à ce que la situation mondiale soit moins explosive, ce qui, espérons-le, arrivera bien un jour.

La liquidation des conflits internationaux, dans lesquels sont impliqués – ou peuvent être impliqués – des pays visant à se doter de l'arme nucléaire et d'autres armes de destruction massive, faciliterait incontestablement la résolution des questions de non-prolifération. À l'inverse, le processus sera plus compliqué encore si l'on s'obstine à marquer d'infamie tel ou tel État, en l'incluant dans Dieu sait quel « axe du Mal ».

Un soutien réel apporté aux pays les plus démunis, en vue d'une utilisation pacifique du nucléaire – leur rattachement, par cette aide, aux structures juridiques internationales excluant des dérives militaires toujours possibles –, contribuerait également à régler le problème. À l'inverse, des mesures discriminatoires concernant, par exemple, la construction de centrales placées sous le contrôle de l'AIEA ou la recherche dans ce domaine, incitent inévitablement les États à trouver par eux-mêmes des moyens d'acquérir un statut de puissance nucléaire à part entière.

Un des moyens de freiner la tendance à l'élargissement constant du « club » nucléaire consisterait à modifier la composition du Conseil de sécurité de l'ONU, qui ne compte aujourd'hui que des puissances nucléaires. Elles seules sont au sommet de la politique mondiale. Plus largement, il est temps d'effectuer une réforme en profondeur des Nations unies. Il faut toutefois y procéder avec la plus grande prudence, afin de ne pas empêcher l'Organisation de remplir sa mission de paix. Une réforme du Conseil de sécurité devrait ainsi se garder de toucher à la Charte de l'ONU, seule susceptible de garantir que l'Organisation ne deviendra pas une structure inefficace, incapable de contenir les processus destructeurs dans le monde.

LA RUSSIE DANS LE MONDE

Quelle carte jouent les USA ?

Bien des éléments contribuent à définir la place d'un pays dans le monde. Pour la Russie, les perspectives économiques ont, à cet égard, une importance toute particulière. Or il est difficile, à l'heure actuelle, de faire des pronostics dans ce domaine. On met d'ordinaire l'accent sur les ressources naturelles du pays, son potentiel intellectuel, son gigantesque territoire. Mais comment ces atouts incontestables profiteront-ils à l'économie ?

Les années quatre-vingt-dix n'ont pas fait la preuve d'une utilisation, sinon optimale, du moins efficace de ces possibilités. L'amorce d'un redressement s'est néanmoins esquissée à la fin de la dernière décennie du XXe siècle. Après la faillite d'août 1998, la reprise a commencé. Il y avait à cela des raisons objectives : dévaluation du rouble, rééquilibrage de la dette extérieure grâce à une diminution des importations, augmentation du tarif mondial du brut. Cependant, l'abandon des pratiques « pseudo-libérales », voulant que le « marché tout-puissant » remettrait tout en place, qu'il régulerait tout et créerait des conditions favorables à une reprise de la production, a joué un rôle au moins aussi important.

Les tenants de cette politique en Russie se fondaient sur des recettes d'experts principalement américains qui, prônant les « méthodes libérales », refusaient de voir que jamais, à cette étape de sortie de la crise, pareilles méthodes n'avaient été utilisées dans aucun État, pas même aux USA. Elles ne prévalaient d'ailleurs pas, du moins sans quelques correctifs, durant la période Roosevelt. À la différence des « pseudo-libéraux » russes, dont la devise est définitivement : « moins il y a d'État dans l'économie, mieux c'est », les responsables de l'économie américaine ont toujours tenté d'ajuster – et continuent de le faire – la part de l'intervention de l'État dans le domaine économique aux évolutions de la nécessité de cette intervention.

Les tenants de la « ligne étatique », qui profitent aujourd'hui des quelques distances prises en Russie à l'égard du pseudo-libéralisme des années quatre-vingt-dix, ne peuvent ni ne doivent passer pour les avocats d'un système de gestion administré et autoritaire, comme en a connu l'Union soviétique. Ce système a démontré son inefficacité, incapable qu'il fut de faire bénéficier l'économie russe des acquis du progrès scientifique et technique. Il a été la cause du retard croissant pris par la Russie sur les pays industrialisés les plus en pointe, il a instauré un climat favorisant un renforcement des fondements antidémocratiques de la société. Cela étant, il n'y a pas la moindre chance qu'on y revienne. Les tenants de la ligne étatique sont plutôt ceux qui défendent une forme de libéralisme où l'État aurait malgré tout sa place. Ils ne nient en aucune façon la nécessité de transformations économiques dans le sens du marché, ne minimisent en rien le rôle régulateur de celui-ci, mais estiment aussi que l'État, par des mesures spécifiques, doit poursuivre deux buts : la création d'un marché « civilisé », fondé sur le principe de libre concurrence, et l'instauration d'un système économique basé sur le marché, sans pour autant que l'aspect social soit occulté.

En ce qui concerne la Russie, les pronostics économiques dépendent entièrement de cette évolution d'une pratique « pseudo-libérale » vers une économie de marché, plus ou moins régulée par l'État. Il semble que cela puisse se faire, malgré les zigzags de l'économie russe, malgré quelques désolants reculs, et que cette transformation permette de moderniser le système, d'augmenter sensiblement et rapidement le PIB et de mieux contribuer au bien-être de la population.

En apparence, Washington ne porte pas la responsabilité « officielle » des recommandations faites à la Russie par les professeurs de Chicago, de même que dans le cadre du « consensus de Washington » et du Fonds monétaire international (FMI). La réalité est cependant tout autre. Le Département d'État, le secrétariat aux Finances et jusqu'à l'administration de la Maison Blanche se sont ingéniés à persuader la Russie qu'elle devait suivre leurs conseils ; ils insistaient, agissaient dans l'ombre du FMI qui proposait des crédits, abusant, pour en fixer le montant, de la complaisance des détenteurs du pouvoir à Moscou. Je pourrais multiplier les exemples tirés, notamment, de mon expérience personnelle, au temps où je présidais le cabinet de Russie[1]. À commencer par le fait, absolument navrant, que les représentants du FMI étaient informés par avance d'une série de décisions prises par un groupe de « spécialistes » russes investis d'un pouvoir réel, en août 1998, et qu'ils les ont soutenues. Des décisions qui ont conduit le pays à la faillite économique.

Je ne crois pas que tout cela ait été accompli sciemment, dans le but de mettre la Russie « à genoux », bien qu'on ne puisse pas l'exclure complètement. Le plus grave, sans doute, est que les USA et l'Occident dans son ensemble misaient sur les « pseudo-libéraux », étaient proches d'eux, recevaient de leur part des informations partiales sur ce qui se passait en Russie et y accordaient foi. Les tenants d'une politique libérale qui laisserait sa place à l'État suscitaient, eux, la méfiance, ils faisaient peur, se voyaient taxés d'anti-occidentalisme.

Ces orientations erronées, pour ne pas parler de désorientation, auraient pu provoquer un refroidissement des relations russo-américaines, temporaire ou définitif. L'arrivée, en novembre 2000, de l'administration Bush s'accompagna d'une série de déclarations et

1. *Cf. Vossem mesiatsev plus... (Huit mois plus...)*, Moscou, « Mysl », 2001.

de commentaires dont il ressortait que la place de la Russie dans la politique étrangère américaine serait désormais si infime que Washington pourrait agir sans se soucier des intérêts de ce pays. On assista plus tard à une décrispation, suite aux événements du 11 septembre 2001 et grâce au soutien apporté par le président Poutine à son homologue américain. Verra-t-on un retour du « Bush de la première heure » ? Cela dépendra avant tout de l'interprétation qui serait faite de la nature des forces au pouvoir à Moscou et de la politique qui sera la leur.

Ces forces ne sont certes pas monolithiques. Il y a pourtant de grandes orientations définies par le président. On peut penser que cette tendance se verra confortée quand l'opinion sera définitivement déçue par l'opposition traditionnelle de droite et de gauche, ainsi que par celle qui agit en sous-main dans l'entourage du président Poutine. Les sondages donnent une idée du rapport de forces dans le pays, avec la bonne et régulière cote de popularité de Poutine, alors que les leaders des différents groupes d'opposition sont vraiment loin derrière. Et cela ne signifie pas que le président soit le seul à agir et à parler dans tous les domaines, qu'il n'accepte pas la critique – une situation impossible, où que ce soit. Simplement, l'écrasante majorité de la population voit en Vladimir Poutine une figure optimale pour la Russie actuelle. Il a donc toutes les chances d'être réélu à la prochaine présidentielle.

Depuis le 11 septembre, on assiste à un renforcement et un élargissement des relations entre Vladimir Poutine et les dirigeants de nombreux pays : États-

Unis, Europe, Asie... Il y a néanmoins quelques signes alarmants. À en juger par le discours de la presse occidentale, l'information sur ce qui se passe en Russie reste monopolisée par les cercles « pseudo-libéraux » ou proches de cette tendance. La préférence leur est systématiquement accordée, or leur action est loin d'être désintéressée : ils veulent mettre à profit le soutien occidental dont ils bénéficient pour revenir au pouvoir en Russie.

Le problème, aujourd'hui, n'est pas que les États-Unis ou l'Occident dans son ensemble aident la Russie à faire progresser son économie dans le cadre du marché. Le problème est de soutenir la société russe pour lui permettre de consolider la démocratie. Le pays s'est d'ores et déjà engagé dans cette voie. Globalement déçu par les recettes venues de l'étranger, il forge ses propres concepts. Cela ne signifie pas qu'il se replie sur lui-même ou qu'il entend opposer ses idées à celles qui ont fait leurs preuves en Occident.

Il est toutefois un domaine de l'économie pour lequel la Russie a toujours besoin de l'appui occidental : l'élargissement de ses échanges avec le monde extérieur, impliquant plus d'investissements étrangers dans l'économie russe, l'entrée de la Fédération de Russie dans les organisations internationales qui fixent les « règles de conduite » des États au niveau économique mondial.

Il convient, pour atteindre ces objectifs, que les États-Unis reviennent sur les restrictions discriminatoires qu'ils imposent à la Russie, notamment l'amendement Jackson-Vanik qui ne propose pas les conditions les plus favorables à notre pays dans ses échanges commerciaux avec les USA : contrôle des exportations pour de nombreuses technologies américaines de pointe, pratique des quotas et des sanctions, souvent injustement appliquées aux produits russes.

En ce qui concerne l'Union européenne, la principale tâche est de faire en sorte que son élargissement ne s'effectue pas au détriment des échanges entre la Russie et les nouveaux membres de la Communauté ou l'UE dans son ensemble. On peut affirmer sans exagérer que la question du statut de Kaliningrad sera le « test vérité » de l'attitude de l'Europe envers la Russie. En effet, avec l'élargissement de l'Union européenne, cette enclave russe sera entourée de pays membres de l'UE, que l'on prévoit d'ores et déjà d'insérer dans l'espace Schengen. Des conditions particulières seront-elles mises en place pour que la région de Kaliningrad et le reste de la Fédération puissent communiquer sans problème ? Préservera-t-on la situation présente qui permet de développer la coopération de Kaliningrad avec la Lituanie, la Pologne et d'autres pays européens ? Ces questions demandent à être minutieusement étudiées. L'instauration d'un régime de visas pour la circulation des personnes et des biens entre l'enclave de Kaliningrad et le « continent » russe – ce que prônent certains membres de l'Union européenne – compliquerait grandement le processus de rapprochement de la Russie et de l'UE, or c'est là une des visées stratégiques de la Fédération. Il est vrai que des efforts, consentis de part et d'autre, ont quelque peu amélioré la situation. Mais l'ensemble des problèmes de la région de Kaliningrad est loin d'être résolu.

Les projets communs, fondés sur la division internationale du travail, favorisent une plus grande intégration de la Russie à l'économie mondiale. La Russie peut coopérer, notamment, dans les domaines aéronautique et énergétique. Elle n'arrive pas les mains vides sur la scène internationale.

La décision de V. Poutine et G. Bush d'inscrire dès à présent les cercles d'affaires de Russie et des États-Unis dans des projets communs d'envergure est de la plus haute importance. On voit se dessiner une tendance similaire dans la coopération entre la Russie et les pays d'Europe. Présidant la Chambre de commerce et d'industrie de Russie, j'ai pu parfaire ma connaissance de ces problèmes. Les entrepreneurs de Russie sont parfaitement « mûrs » pour coopérer avec leurs collègues étrangers dans la réalisation des projets les plus ambitieux. Il ne leur manque qu'un soutien de l'État et, bien souvent, un simple soutien politique. Lorsqu'on évoque, au plus haut niveau, de vastes projets d'envergure, les partenaires étrangers insistent, en règle générale – et c'est bien normal – pour qu'une série de travaux soient effectués par des compagnies de leur pays. Aussi regrettable que cela paraisse, chez nous, cette pratique n'est pas encore très répandue.

Parallèlement, l'intégration de la Russie aux grandes structures économiques internationales est fondamentale. À cet égard, la question de l'entrée de notre pays dans l'Organisation mondiale du commerce (OMC) est cruciale. Engagée dans la voie de l'économie de marché et, de plus en plus profondément, dans l'économie mondiale, la Russie aurait grand tort d'ignorer une organisation qui fixe les « règles du jeu » sur les marchés mondiaux. Chacun sait que plus de 90 % du commerce mondial passent par les pays membres de l'OMC. De sorte que la question n'est pas de savoir si la Russie doit ou non y entrer ; le problème est celui des conditions de l'entrée de la Russie, de la façon de s'y préparer, du travail à effectuer dans le pays pour que l'adhésion à l'OMC n'entraîne pas la faillite de nombreuses entreprises russes dont la production, pour une série de raisons, n'est pas encore des plus concurrentielles.

La question de l'entrée dans l'OMC souligne encore les contradictions entre les « pseudo-libéraux » et ceux qui veulent concilier libéralisme et rôle régulateur de l'État. Les premiers n'ont de cesse de politiser l'adhésion de la Russie, ils aspirent à ce qu'elle s'effectue dans les délais les plus brefs. Ils obéissent toujours à la même logique : « libéralisation-choc des prix », « privatisation-choc » et, à présent, « adhésion-choc » à l'OMC. Leurs adversaires jugent nécessaire, eux, de préparer le terrain, afin de réduire autant que possible les pertes des producteurs de Russie. De quel côté l'Occident penchera-t-il ? Le choix est d'importance, car les conditions garantissant ou freinant l'entrée de la Russie dans l'OMC en dépendent.

Six points pour la Tchétchénie

Quoi qu'on en dise, le problème majeur de la Russie est aujourd'hui la Tchétchénie. Elle constitue également pour notre pays le principal front de la lutte antiterroriste. L'heure est manifestement venue de changer d'orientation à l'égard de cette république. Il ne s'agit pas d'un renoncement stratégique : la Tchétchénie doit rester au sein de la Fédération de Russie. Il est en revanche nécessaire de repenser la tactique pour y parvenir.

La ligne choisie jusqu'à présent n'a fait que partiellement ses preuves. Les troupes fédérales ont porté un coup sérieux aux bandes armées. Le mérite en revient s'en conteste à la Défense, à certains départements du ministère de l'Intérieur et, avant tout, aux soldats et aux officiers. Néanmoins, la résistance des combattants tchétchènes n'est pas brisée, comme en témoignent leurs raids, non pas isolés mais massifs, causant de sérieuses pertes aux troupes fédérales. Il serait injuste d'en attribuer la responsabilité au seul commandement qui, en effet, laisse à désirer. En fait, la question de la Tchétchénie ne saurait être résolue par des moyens exclusivement – ou, comme c'est le cas actuellement, principalement – militaires.

Une série d'opérations menées par le FSB ont été couronnées de succès, permettant de liquider ou de capturer certains commandants, notamment des figures aussi odieuses que Radouïev et Khattab. Il a toutefois été impossible de neutraliser leur centre d'action : en effet, à en juger par la nature de leurs opérations, les commandants tchétchènes obéissent à un centre unique.

On est parvenu à amener nombre de Tchétchènes à coopérer avec le Centre fédéral. Mais cela ne signifie pas que la question tchétchène soit en passe d'être résolue par les efforts des Tchétchènes eux-mêmes. La reconstruction de la république n'a pas encore véritablement commencé, les finances publiques continuent d'être pillées, on a même vu des armes de provenance russe vendues à des combattants tchétchènes. Malgré tout l'héroïsme de ceux qui luttent contre les terroristes, on relève, parmi les troupes engagées en Tchétchénie, des atrocités injustifiables et des cas de pillages. Cela se produit, sans doute, dans les rangs de n'importe quelle armée affrontant, en un combat prolongé et sanglant, un ennemi aguerri, sournois et puissant, bénéficiant en outre du soutien d'une part importante de la population civile.

La tactique des combattants tchétchènes est à peu près toujours la même : causer le plus de pertes possible aux troupes fédérales, massacrer ou dépouiller les

Tchétchènes qui se détournent des combattants, prendre des otages, notamment étrangers, faire commerce des hommes, commettre des actes de terrorisme absolument barbares dirigés contre les civils russes hors des frontières tchétchènes.

Que faire dans ces conditions ? Les réflexions qui vont suivre me vaudront, je le sais, les critiques, voire l'hostilité de cercles qui s'occupent activement, aujourd'hui, de régler la question tchétchène. Mais elles sont tirées de mon expérience et j'ai le droit moral de les exprimer.

1) Il convient de tout faire pour couper la population civile des combattants. C'est là un point essentiel dans le règlement de la question tchétchène, au stade actuel. Cela n'a malheureusement pu être accompli au début de la lutte antiterroriste : les combattants se sont alors concentrés dans les zones d'habitation, ce qui, lors des combats ou des « ratissages » a entraîné un nombre important de victimes parmi les civils. Il est vrai qu'il est toujours plus facile d'apprécier rétrospectivement une situation. Néanmoins, les pertes auraient pu être moindres, si l'objectif évoqué ici avait été considéré comme majeur dès le début des opérations.

On vise aujourd'hui à couper les Tchétchènes des terroristes en confiant aux premiers la direction des affaires locales et les questions de sécurité dans les zones d'habitation. Il apparaît toutefois que cette méthode ne fonctionne pas et qu'elle n'a guère de chances de fonctionner dans un proche avenir. Rien ne nous permet de penser que les Tchétchènes se détournent massivement des combattants, même lorsque les bandits donnent la chasse à ceux qui coopèrent avec le pouvoir fédéral. Il faut d'ailleurs reconnaître que l'attitude des Tchétchènes à l'égard des autorités centrales est largement ambivalente. Tous les discours selon lesquels la situation a radicalement changé ne servent qu'à bercer d'illusions ceux qui voudraient qu'il en soit dès à présent ainsi.

2) Il va de soi que, sans négociations avec les commandants tchétchènes, du moins certains d'entre eux, la volonté de transmettre le pouvoir exécutif aux pouvoirs locaux et la responsabilité d'assurer la sécurité à la partie tchétchène ne l'emportera pas.

Inutile, également, de faire des élections une panacée. En tant que telles, elles ne changeront rien, même si l'on réussit à placer à la tête de la Tchétchénie des hommes dignes et efficaces. Le contexte ne permet pas encore, à la différence de ce qui se passe pour d'autres « sujets » de la Fédération, de céder véritablement le pouvoir aux forces locales. Elles ne sont pas assez solides pour, aussitôt après les élections, se jeter dans la lutte contre les combattants. Cette lutte, au demeurant, ne cessera, du moins sous sa forme la plus aiguë, qu'au terme de négociations pour lesquelles les élections en Tchétchénie ne peuvent en aucun cas constituer une alternative.

3) On a tout lieu de penser que les combattants tchétchènes seraient favorables à des négociations, et pas uniquement, sans doute, dans un souci de gagner du temps pour regrouper leurs forces. Depuis le 11 septembre, les séparatistes tchétchènes ont quelque peine à obtenir un soutien financier, les mercenaires

ne leur arrivent plus aussi facilement des centres du terrorisme international, sans parler de l'appui moral qu'ils recevaient plus largement, auparavant, de l'étranger. À cet égard, l'opération menée par les Américains en Afghanistan a porté ses fruits. L'Afghanistan n'existe plus en tant que base d'entraînement et d'équipement des combattants tchétchènes. Je pense également que les autorités saoudiennes et turques se montreront désormais plus vigilantes et entreprendront de contrôler plus strictement les forces qui, dans leurs pays respectifs, aidaient si activement les séparatistes tchétchènes. On peut parvenir à la même conclusion en ce qui concerne la Géorgie qui, certes moins radicalement qu'on ne le souhaiterait – mais, malgré tout, plus nettement qu'avant –, ajuste sa politique envers les combattants tchétchènes dans les gorges de Pankissi aux intérêts de ses relations avec la Russie.

Bien des choses, à juste titre, ne nous conviennent pas dans l'attitude de la Géorgie. Dans un premier temps, Tbilissi nia en bloc la présence de combattants tchétchènes sur le territoire géorgien ; puis, la proposition russe de fermer d'un commun accord la frontière par laquelle s'infiltraient les combattants tchétchènes essuya un refus ; il y eut enfin le « non » catégorique aux demandes d'extradition de ressortissants russes convaincus de se livrer à des actions terroristes. La Géorgie refusa en outre de fournir des informations sur les mouvements des bandits en direction de la frontière russe, et d'entreprendre une opération conjointe contre les terroristes qui avaient réussi à s'infiltrer dans les gorges de Pankissi. Telle est la réalité et cela ne peut manquer de susciter chez les citoyens russes au moins de l'irritation envers les dirigeants géorgiens. On n'a cependant pas le droit d'étendre cet agacement, ce sentiment d'offense, cette amertume au peuple de Géorgie. Il faut comprendre que si la guerre contre les séparatistes tchétchènes est très importante, elle reste un épisode dans l'histoire des relations russo-géorgiennes. Il convient donc d'éviter de réduire à ces relations tout le problème de la lutte contre les combattants tchétchènes, comme d'aucuns ont tendance à le faire. Par bonheur, la situation s'est un peu détendue, ce qui rend plus optimiste pour l'avenir.

Après le 11 septembre, Vladimir Poutine envisagea une nouvelle approche du problème tchétchène, n'excluant pas des négociations entre un de ses représentants personnels et un émissaire de Maskhadov. Cette initiative resta cependant sans suite, car sa mise en pratique fut des plus grossières, défigurant, pour tout dire, toute l'entreprise. On ne tint pas compte du fait que la partie tchétchène devait, sous soixante-douze heures, dire si elle acceptait d'engager des négociations sur son désarmement – or tels étaient les exactes paroles du président Poutine. On préféra laisser entendre que les combattants avaient soixante-douze heures pour déposer les armes. On imagine ce qui en résulta. Il importe donc d'aborder les négociations sans en jouer d'une façon ou d'une autre ni accepter qu'elles soient utilisées au profit de quiconque, mais comme un moyen réfléchi de résoudre la question tchétchène.

Je considère pour ma part qu'il faut prévoir des négociations en plusieurs étapes. La première doit, bien sûr, aboutir à un cessez-le-feu. Il va également de soi qu'en préalable à toute discussion, les représentants tchétchènes doivent se démarquer publiquement de l'action terroriste. En cas de refus d'un délégué tchétchène, toute négociation deviendra impossible et force sera de rechercher celui des combattants qui acceptera cette condition *sine qua non.* Je voudrais souligner une fois encore que la perspective des négociations n'exclut en rien de mener des opérations militaires visant à défaire les bandes tchétchènes – et pour cela il importe que les troupes fédérales restent sur place – ni de renforcer les liens de coopération avec ceux des Tchétchènes qui ne veulent plus de la lutte armée et sont prêts à essayer d'assurer la sécurité de leurs zones d'habitation.

4) Les événements du 11 septembre, alliés à notre expérience personnelle, nous soufflent qu'il est indispensable de localiser le principal foyer séparatiste tchétchène. Les dirigeants des républiques voisines de la Tchétchénie, en premier lieu l'Ingouchie, le Karatchaïevo-Tcherkesses, le Daghestan, doivent être conscients de leur entière responsabilité face à une situation qui permet bien souvent aux bandits tchétchènes d'utiliser leurs territoires – sous prétexte de collaborer avec leurs « collègues » locaux – pour préparer et commettre des actes terroristes en Russie. Ces républiques doivent faire l'objet d'une particulière attention, et pas seulement de la part des Services spéciaux fédéraux. Parmi ces différents « sujets » de la Fédération, l'expérience du Daghestan souligne de

manière éloquente l'existence d'une « fibre patriotique » susceptible d'apporter une aide décisive dans la lutte antiterroriste, notamment en ce qui concerne le franchissement clandestin des frontières. Il convient, en faisant jouer les leviers de pouvoir fédéraux, de prendre des mesures préventives radicales, à caractère administratif, politique, économique et, au besoin, militaire contre les forces séparatistes dans les territoires de la Fédération voisins de la Tchétchénie.

La région de Stavropol exige, elle aussi, une attention particulière, sa frontière administrative avec la Tchétchénie doit être substantiellement renforcée et tous les individus suspects franchissant cette ligne doivent être filtrés. Il s'agit là, sans nul doute, d'une mesure temporaire mais qui doit demeurer jusqu'au règlement définitif de la crise tchétchène.

5) Sans minimiser un instant le rôle des militaires qui, dans l'ensemble, s'acquittent convenablement de leur mission et accomplissent loyalement leur devoir, il faut faire en sorte qu'ils n'aient pas une voix prépondérante dans la décision de poursuivre les opérations d'envergure, ni dans le choix de les arrêter brusquement, comme ce fut le cas durant la première guerre de Tchétchénie, suite aux accords de Khassaviourt. À chacun son métier. Les politiques doivent prendre des décisions en toute indépendance et responsabilité, et œuvrer à ce qu'elles soient appliquées, y compris par les militaires. Ceux qui refuseront de s'y plier ou joueront un jeu personnel devront être écartés.

Il me semble que la Tchétchénie doit être dirigée, à tous les niveaux – reconstruction, opérations militaires contre les bandits, préparation politique de la population –, par un représentant du président de Russie. Il doit avoir la haute main sur les unités du ministère de la Défense cantonnées en Tchétchénie, sur les troupes du ministère de l'Intérieur, les organes du FSB et l'administration locale. À travers lui, le président de la Fédération doit pouvoir faire appliquer sa politique dans la République tchétchène qui, dès lors, pourrait obtenir un statut particulier d'Arrondissement présidentiel.

La présence d'un véritable responsable, n'ayant à répondre que devant Vladimir Poutine, permettrait d'éviter les divergences sur les actions à mener, renforcerait la discipline, augmenterait la responsabilité de tous ceux qui œuvrent pour la Tchétchénie, exclurait les situations où, par suite de l'incurie du commandement local des Forces armées ou des troupes de l'Intérieur, le nombre des victimes se voit considérablement accru, ce que l'on pourrait bien souvent éviter, à condition de ne pas systématiquement répéter les mêmes erreurs et que les coupables de cet état de fait subissent un juste châtiment.

Le président doit pouvoir disposer d'informations absolument objectives et véridiques sur la situation en Tchétchénie Durant les années d'opérations militaires, se sont multipliés les exemples de rapports falsifiés, partiaux, de conclusions et de pronostics ne reposant sur rien de sérieux. Les rapports adressés à Moscou par les différents services doivent être d'une rigoureuse honnêteté et ne pas chercher à embellir la réalité.

6) Il faut effectuer tout un travail sur la situation en Tchétchénie, non seulement auprès des responsables des organisations internationales et des chefs d'États étrangers, mais encore de l'opinion, surtout celle des pays qui ont apporté leur soutien aux opérations américaines contre le terrorisme. Les événements du 11 septembre peuvent aider à une juste évaluation de ce qui se passe en Tchétchénie. Il faut que celle-ci ne fasse de place ni à une double logique de la part de nos partenaires, ni à des manifestations triomphalistes côté russe.

Le monde doit enfin prendre conscience du fardeau que nous assumons, il doit saisir toute la difficulté de se trouver, des années durant, en première ligne du front le plus sanglant qui soit, celui de la lutte antiterroriste, notamment quand – ce qui arrive fréquemment – l'extérieur affecte de ne pas « comprendre » la Russie. La solidarité antiterroriste doit s'exprimer par un soutien, non seulement de la Russie à l'action des États-Unis en Afghanistan, mais aussi des USA, de l'Occident, de toutes les forces vives aux opérations antiterroristes en Tchétchénie.

Ce chapitre était rédigé avant la journée tragique du 23 octobre 2002 où des terroristes tchétchènes prirent en otages plus de huit cents personnes dans un théâtre de Moscou. La salle de spectacles, où les otages furent retenus durant trois jours, avait été minée. Quelques personnes réussirent à entrer en liaison avec la compagnie de télévision Ren-TV, et c'est par ce biais que j'appris qu'elles me priaient d'entrer en contact avec les bandits. Déjà, plusieurs négociateurs m'avaient précédé pour tenter de convaincre les terroristes de libérer les otages.

Après avoir informé les représentants du pouvoir et franchi le cordon de sécurité, je pénétrai dans le bâtiment du théâtre, en compagnie de l'ancien président ingouche, Aouchev, et d'un général des troupes de l'Intérieur, de nationalité tchétchène, Aslakhanov.

Nous rencontrâmes le chef des bandits, Baraïev, ainsi que quatre autres terroristes armés. Je dois dire qu'aucun d'eux, excepté le Tchétchène posté aux portes de la salle où avait lieu la rencontre, n'était masqué, ils agissaient à visage découvert (on ne nous permit pas de voir les otages).

Bien malgré moi, l'entretien fut des plus âpres. En réponse à notre demande de libérer les otages – après tout, si les preneurs d'otages avaient voulu attirer l'attention sur le « drame tchétchène », c'était désormais chose faite et la mort de leurs prisonniers aurait un effet radicalement contraire à celui espéré – Baraïev déclara · « Attirer l'attention, ce n'est que la première étape de l'opération. Demain à midi, je commencerai à exécuter des otages et cela durera jusqu'à ce que vous décidiez de rappeler toutes les troupes cantonnées en Tchétchénie ». Tous nos efforts pour les ramener à la raison n'aboutirent qu'à ces hurlements : « Partez ! L'entretien est terminé ! Je n'obéis qu'aux ordres de notre chef militaire, Bassaïev ! » Échec, aussi, de mon côté, quand je rappelai que les Tchétchènes respectaient d'ordinaire les personnes âgées et que le Coran – que mon interlocuteur citait abondamment – ne contenait aucune invite à faire la guerre aux femmes et aux enfants. Notre demande de laisser partir les enfants avec nous ne fut pas plus prise en compte.

Nous fûmes les derniers négociateurs à rencontrer Baraïev. Dans la nuit du 26 au 27 octobre, l'assaut était donné. Afin de sauver des vies humaines – sans cette intervention, nul doute que le théâtre eût sauté et que l'on eût dénombré un millier de morts, dont les officiers du groupe « Alfa » qui donnaient l'assaut –, un gaz foudroyant fut envoyé dans le système de ventilation, causant la mort de cent vingt-huit otages. En revanche, quelque sept cents personnes furent sauvées. Plus de cinquante bandits, ainsi que leur chef Baraïev, furent anéantis. On ne compta pas de victimes parmi les troupes d'assaut.

Fallait-il déclencher cette opération ? Je répondrai sans la moindre hésitation : c'était indispensable, sans cela tous auraient péri ; il n'y avait tout simplement pas d'autre solution.

Après ces événements, la question des négociations avec les commandants tchétchènes prit une autre tournure. Si, avant le 23 octobre, des contacts avaient été amorcés avec des proches du « président » de l'Itchkérie (la Tchétchénie), Maskhadov – bien que son nom n'eût pas été ouvertement prononcé –, il en allait tout différemment à présent. Pour commencer, on avait la preuve indirecte que Maskhadov avait pris part à la préparation de cet acte de terrorisme. D'un autre côté, Bassaïev affirmait que Maskhadov n'était pas « au courant ». Il ressortait de tout cela que le « président » de la Tchétchénie ne contrôlait pas la situation et que les combattants n'en tenaient aucun compte. Dans ces conditions, que pouvait-il résulter de négociations avec lui ?

Persuadé que, d'un point de vue stratégique, les opérations militaires menées en Tchétchénie contre les bandes armées devaient être complétées par des pourparlers, je parvins malgré tout à la conclusion, après l'acte terroriste du 23 octobre à Moscou, qu'une pause était nécessaire dans les tentatives pour s'asseoir à la table des négociations. Il convenait avant toute chose de trouver des négociateurs tchétchènes répondant obligatoirement à deux critères : 1) ils devaient se démarquer publiquement du terrorisme comme moyen d'atteindre leurs objectifs ; 2) il leur fallait contrôler réellement la situation du côté des combattants tchétchènes. Cette pause devrait sans doute être remplie par des opérations visant à renforcer les « éléments tchétchènes » au sein des organes dirigeants de la république.

Lors des événements des 23-27 octobre, le président Poutine se trouva devant un choix : préserver l'intégrité de la Russie, c'est-à-dire défendre le pays tout entier, ou céder à la pression et, sous la menace d'une liquidation des otages, entreprendre des négociations qui auraient immanquablement les mêmes effets qu'à Khassaviourt : après la signature d'un accord de paix en 1996, les Tchétchènes avaient pratiquement acquis leur autonomie, cependant que le terrorisme, le banditisme, loin de disparaître, n'avaient fait que croître.

Je fus reçu par le président Poutine aussitôt après mon entrevue avec les bandits tchétchènes. Ces quelques jours l'avaient littéralement épuisé. Son visage était gris d'insomnie. Il ne songeait qu'aux moyens d'épargner la vie des otages. « Certains, dans mon entourage, prétendent qu'il faut empêcher les familles des otages de manifester pour exiger la paix en Tchétchénie », me dit-il. « Je leur ai répondu : "qu'on les laisse s'exprimer et manifester sur la Place Rouge." Si seulement cela pouvait aider leurs enfants et leurs proches... »

Le président, lui, n'avait pas le droit de céder aux pressions des terroristes. Il avait sur les épaules le poids de la Russie.

Chacun sait qu'une majorité de Tchétchènes s'est prononcée en faveur du « oui », lors d'un référendum portant sur la Constitution, autrement dit sur le maintien de la Tchétchénie au sein de la Fédération de Russie, et sur les moyens pacifiques d'envisager son avenir. Il y a en perspective l'élection d'un président et d'un organe législatif. Ce sont là de sérieuses avancées et l'on voudrait croire que, confortées par l'amnistie des combattants qui n'auront pas trempé dans des actions criminelles, elles constitueront la première étape d'un règlement du problème tchétchène. Cependant, malgré toute l'importance de ces mesures, j'ai le sentiment qu'après deux guerres sanglantes il est difficile d'espérer réussir, si l'on ne met pas en place dans cette république des structures de pouvoir différentes de celles des quatre-vingt-huit autres « sujets » de la Fédération.

Les conflits aux frontières

Après le 11 septembre, il convenait de porter une attention accrue aux conflits interethniques se déroulant sur le territoire de l'ex-URSS. Ces conflits ont un impact des plus négatifs sur la situation intérieure d'une série d'anciennes républiques soviétiques, ils représentent autant de points de friction dans leurs relations avec la Russie et ébranlent la Communauté des États indépendants (CEI).

Les principaux sont le conflit opposant Arméniens et Azéris sur la question du Haut-Karabagh (en parlant d'un conflit azéro-arménien, nous ne sous-estimons aucunement le rôle du Haut-Karabagh lui-même dans son déclenchement, son évolution et son règlement), ceux entre la Géorgie et l'Abkhazie, la Géorgie et l'Ossétie du Sud, et celui de Transnistrie. Tous durent depuis plus de dix ans. La première phase de ces différents conflits fut caractérisée par une lutte armée – une véritable guerre – des parties en présence. On est parvenu à y mettre un terme et le mérite en revient essentiellement à la Russie. Les conflits n'en sont toutefois pas liquidés pour autant. Les affrontements continuent et les solutions se trouvent compliquées par le fait que les conditions nées de la lutte armée ne sont pas gommées par le temps : le Haut-Karabagh, l'Abkhazie, la Transnistrie, l'Ossétie du Sud se sont, de fait, transformés en formations autonomes, dotées de nombreux attributs étatiques.

Il devient clair, par ailleurs, que ces situations ne peuvent se prolonger indéfiniment : elles sortent du cadre des confrontations militaro-politiques directes et ont une influence de plus en plus destructrice sur la démographie, l'économie, les relations entre les États concernés. Quelques exemples : les régions d'Azerbaïdjan occupées pendant la guerre sont aujourd'hui dépeuplées, tandis que le nombre de réfugiés azéris est impressionnant. De leur côté, les Arméniens qui ont occupé ces terres ne les ont pas repeuplées et n'y parviendront pas. Pire, la population du Haut-Karabagh, comme de l'ensemble de l'Arménie, est en nette diminution. Selon certaines estimations, il ne reste en Arménie qu'un million cinq cent mille habitants environ, les autres sont partis, qui en Russie (la majorité), qui à l'étranger.

L'impossibilité de parvenir à un règlement du conflit entre la Géorgie et l'Abkhazie a grandement favorisé le rapprochement de Tbilissi avec les combattants tchétchènes. Les dirigeants géorgiens ont cru, un temps, qu'après avoir aidé les Abkhazes ils pourraient les utiliser dans leur camp. Regroupés, reposés, soignés (pour les blessés), ils ont regagné la Tchétchénie, effectuant des raids sauvages contre les troupes fédérales. La situation n'a cessé de se dégrader jusqu'à ce que le commandement militaire russe en vienne à menacer directement de frapper leurs bases dans les gorges de Pankissi. Le fait que les dirigeants géorgiens aient commencé par nier purement et simplement la présence de combattants tchétchènes sur leur territoire n'a rien arrangé. La tension est un peu retombée lorsque les unités spéciales géorgiennes ont commencé à agir dans les gorges de Pankissi et que plusieurs combattants ont été livrés aux Services russes. Certains y ont vu l'influence des USA qui n'ont pas intérêt à ce que les relations russo-géorgiennes se dégradent définitivement. En même temps, des questions très complexes surgissent, concernant l'entraînement des unités spéciales géorgiennes par des instructeurs américains. En tout état de cause, il existe des forces non négligeables en Géorgie, qui voudraient utiliser ces unités en dehors du cadre des opérations antiterroristes, les chargeant de régler le conflit avec l'Abkhazie.

L'expérience montre l'impossibilité totale de résoudre, par la voie militaire, le conflit opposant la Géorgie et l'Abkhazie. Néanmoins, le caractère interminable de cet affrontement pousse certains cercles géorgiens à manœuvrer constamment dans ce sens. C'est ainsi que la partie géorgienne a maintes fois exigé le retrait de la zone de conflit des forces de paix de la CEI, entièrement composées de ressortissants de Russie, sous prétexte qu'elles se refusaient à renvoyer autoritairement les réfugiés géorgiens en Abkhazie. Les éclaircissements fournis, selon lesquels une mission de maintien de la paix n'avait de sens que si les parties en présence s'accordaient sur sa fonction et la distinguaient des missions « de rétablissement de la paix » (qui ne peuvent être envisagées que sur décision du Conseil de sécurité de l'ONU), n'ont donné aucun résultat. En même temps, à la veille d'un nouveau sommet des pays de la CEI, au cours duquel cette question devait être examinée, la Géorgie acceptait que le mandat des forces de paix soit encore une fois prolongé. Cette « valse hésitation » ne peut que servir ceux qui n'ont pas renoncé à régler le problème abkhaze par un recours à la force militaire. Les forces de paix séparent les deux camps et elles ont plus d'une fois coupé court à une dangereuse escalade de la violence. Or, nous ne devons pas nous dissimuler qu'une nouvelle guerre entre la Géorgie et l'Abkhazie aurait de graves conséquences.

Il convient également de trouver une solution au conflit entre la Géorgie et l'Ossétie du Sud. Les réfugiés ossètes se fixent de plus en plus en Ossétie du Nord – une république qui entre dans la composition de la Fédération de Russie. Cela ne peut que jouer en faveur de ceux qui, un peu légèrement, feignent d'ignorer les relations, traditionnellement fraternelles, entre Géorgiens et Ossètes.

La Géorgie et la Moldavie refusent catégoriquement de reconnaître, respectivement, à l'Abkhazie et à la Transnistrie, le droit de s'autodéterminer en faisant sécession. Y a-t-il une issue constructive à cette situation ? On pourrait, me semble-t-il, prévoir un certain nombre de principes communs permettant un règlement de ces deux conflits.

Premièrement, il faut que le principe de l'intégrité territoriale soit reconnu. Les parties en présence ont été à deux doigts d'y parvenir. Lorsque j'étais aux Affaires étrangères de Russie, une formule avait été trouvée pour inscrire ce principe dans un projet d'accord abkhazo-géorgien. Nous avions suggéré les termes suivants : les parties acceptent de vivre dans un État commun, situé dans les limites de ce qui fut, jusqu'au 1er janvier 1991 (autrement dit la période antérieure au conflit), la République socialiste soviétique de Géorgie. La partie géorgienne refusa, hélas, de signer l'accord, posant comme condition *sine qua non* une Constitution unique pour tous, ce dont ne voulaient pas les Abkhazes.

Je crois néanmoins que le principe d'un accord des parties en présence sur le fait de vivre dans un État commun (non pas unique, ce qui pourrait s'interpréter comme unitaire, mais tout simplement commun) reste acquis pour les négociations abkhazo- et osséto-géorgiennes à venir. En ce qui concerne le conflit de Transnistrie, une formule semblable a déjà été couchée dans un document signé par des représentants de Moldavie et de Transnistrie.

Deuxièmement, un autre principe de règlement des conflits doit être élevé au rang d'acte constitutionnel. Je veux parler d'un accord portant sur l'arrêt des hostilités. Il faut que ce document reconnaisse l'égalité des parties engagées dans la guerre. Cela ne signifie aucunement une égalité de statut dans la conduite de l'État commun. Comment cette égalité serait-elle possible entre, par exemple, la petite Abkhazie et l'ensemble de la Géorgie, qui l'emporte largement par les dimensions de son territoire et sa population.

La conclusion d'un tel accord pourrait se substituer temporairement à l'adoption d'une Constitution commune. Toutefois, il y aura par la suite deux Constitutions – pour les deux parties en conflit – dont les principes ne doivent pas contredire l'accord de cessation des hostilités.

Troisièmement, il est difficile d'envisager le règlement d'un conflit sans l'instauration d'une structure de type fédéral en Géorgie et en Moldavie. La Géorgie se divise traditionnellement en une série de régions dont beaucoup ne se distinguent en rien du point de vue ethnique ou religieux : la Kakhétie, l'Imérétie, la Gourie. Les adversaires du système fédéral en Géorgie présentent le fédéralisme comme une tentative de démantèlement du pays. Or il ne s'agit pas de cela. La reconnaissance de droits spécifiques aux différents « sujets » de la Fédération doit reposer sur des critères précis. On peut, je crois, songer à l'Abkhazie, à l'Ossétie du Sud et à l'Adjarie (seule République autonome, au temps de l'URSS, constituée selon un critère religieux : ses habitants sont géorgiens mais convertis à l'Islam). En ce qui concerne la Moldavie, la Transnistrie et la Gagaouzie pourraient devenir « sujets » de la Fédération. Il me semble que la structure de l'État fédéral doit être définie, pour chaque cas précis, au terme d'un long et minutieux travail.

Des personnalités plus ou moins engagées dans le processus de négociations proposent parfois une structure confédérale pour ces États déchirés par les conflits. Or, le monde d'aujourd'hui ne compte pratiquement plus aucune confédération. Si la Suisse en porte le nom, on ne peut malgré tout considérer ses cantons comme souverains à l'intérieur de l'État qui les fédère. Cela ne signifie pas pour autant que les États composant les fédérations ne puissent se différencier les uns des autres ; au demeurant, leur différence dépendra de leur degré d'autonomie, y compris de leur part de souveraineté.

En mars 2003, au terme de pourparlers avec Vladimir Poutine à Sotchi, Edouard Chevardnadze donnait son accord pour l'instauration d'un système fédéral en Géorgie, avec un statut spécial pour l'Abkhazie. Le représentant abkhaze déclina aimablement cette proposition. Il fallait s'attendre, dans un premier temps, à cette réaction. Il se trouve en effet que la Russie, avec l'accord de la partie abkhaze, avait plusieurs fois (c'était en 1996, j'étais alors ministre des Affaires étrangères) proposé cette solution, systématiquement rejetée par Tbilissi. Les années ont passé et, en dépit des difficultés, l'Abkhazie s'est « habituée » à mener une existence indépendante. J'ai le sentiment toutefois qu'on finira par s'asseoir à la table des négociations pour mettre au point la formule d'un État commun de type fédéral, au sein duquel une place particulière sera dévolue à l'Abkhazie. Il n'y a pratiquement pas d'autre solution.

Il va de soi que les principes énumérés ci-dessus doivent être complétés, discutés – ne serait-ce que pour les classer par ordre d'importance – dans chaque cas concret. Il va aussi de soi que le plus important est aujourd'hui de bander toutes ses forces et de « plonger »...

Qu'en est-il du conflit arméno-azéri ? D'emblée, une des solutions proposées fut un échange de territoires. Cette variante semble actuellement retenir toute l'attention des parties en présence qui multiplient les contacts au plus haut niveau. Outre la définition du statut du Haut-Karabagh, la fin de l'occupation de sept districts azéris, on étudie la possibilité d'échanger des territoires arméniens contre le corridor de Latchine reliant le Haut-Karabagh à l'Arménie. Mais les deux camps se heurtent à de sérieuses difficultés. Il se trouve que le district azéri du Nakhitchevan est isolé et que Bakou veut effectuer l'échange de manière à le rattacher au reste de l'Azerbaïdjan. Or, le territoire entre les deux est traversé par l'unique frontière entre l'Arménie et l'Iran, et Erivan tient à garder cette ouverture qui, au moment de la crise, a eu une importance toute particulière pour son commerce extérieur. On continue de chercher un modèle acceptable pour les deux parties.

Pronostics et réflexions

Quelle sera la place de la Russie au XXIe siècle ? Quelles seront ses relations avec les USA et les autres États ?

Il est difficile de faire des pronostics à long terme, surtout avec un nombre aussi conséquent de « variables ». Néanmoins, bien des choses dépendront de la dynamique des quelques années à venir. Pour ce début du XXIe siècle, certaines prévisions sont déjà possibles, qui ne me semblent pas complètement fumeuses.

Premièrement, il est essentiel de répondre à la question concernant la place de la Russie dans l'ordre mondial en construction. L'Union soviétique qui l'a précédée a été, de longues années durant, un centre de force. La Fédération de Russie le cède, bien sûr, en puissance, elle n'a rien d'une super-puissance dirigeant un « bloc » confronté à un autre. Les pronostics doivent toutefois partir du fait qu'elle conserve – et conservera sans doute pour une assez longue période –

le statut de deuxième puissance nucléaire de la planète, que son économie devient plus dynamique, que son potentiel intellectuel, bien qu'affaibli dans les années quatre-vingt-dix, reste pour le moins conséquent, qu'elle est sans égale pour les ressources naturelles et les dimensions de son territoire et que, par sa position géographique exce-ptionnelle, elle constitue en quelque sorte un pont entre l'Europe et l'Asie. Cela ne peut qu'accentuer l'importance géopo-litique de la Russie, notamment dans le difficile processus de rapprochement des civilisations.

La volonté politique des actuels dirigeants russes, qui s'est manifestée si clairement lors des événements du 11 septembre, joue aussi un grand rôle : ils ont prouvé, contre tous les stéréotypes, leur capacité à s'adapter rapidement, à réorienter pour partie leur politique étrangère dans l'intérêt de la cause antiterroriste, à renforcer la sécurité générale. Les liens traditionnels, l'influence réelle dont jouit la Russie dans une série de pays et de régions peuvent considérablement aider au succès de la lutte internationale contre le terrorisme.

Conclusion : en dépit des graves difficultés économiques et sociales que la Russie connaît aujourd'hui, elle gardera sans nul doute sa place de centre, parmi d'autres, du monde multipolaire.

Deuxièmement, il est essentiel de se demander si la Russie sera un acteur indépendant et performant de la scène internationale. Avec la fin de la « guerre froide », la communauté mondiale s'est révélée incapable – tant à l'intérieur de la Russie qu'à l'extérieur –

de mettre à profit la situation nouvelle. La « guerre froide », faisant eau de toutes parts, a cédé la place à l'euphorie. Le spectre de la destruction mutuelle est apparu éphémère, le temps semblait venu de relations interétatiques justes et exemptes de menaces.

Cependant, comme le faisait justement remarquer Ronald Reagan, il faut « être deux pour danser le tango ». Tandis que notre opinion, pour une large part, voulait croire à l'avènement d'un « âge d'or », tandis qu'elle pensait entrer de plain-pied dans la « maison européenne », nombre de responsables des pays industrialisés optaient pour une politique dure, hargneuse et fort dynamique de défense corporatiste des intérêts nationaux. Faut-il rappeler que cette politique a lésé, à de nombreux titres, les intérêts de notre pays ?

Certes, l'Occident ne parlait pas d'une même voix, les avis divergeaient et l'on notait un certain flottement. Dans ces conditions, une politique résolue et réfléchie de la Russie aurait pu affermir les aspects constructifs des choix occidentaux et, en conséquence, l'évolution de la planète dans l'après « guerre froide » aurait été nettement plus assurée et harmonieuse. Il n'en a pas été ainsi. Au lieu de la politique réciproque de la main tendue, qui aurait dû être celle des deux camps engagés naguère dans la confrontation de la « guerre froide », le schéma s'est imposé, quelque temps, d'une Russie « à diriger », parce qu'incapable de se diriger elle-même. Après l'effondrement de l'URSS, alors que la Fédération de Russie s'efforçait d'exister en tant qu'État indépendant, cette ligne était également prônée par le responsable du ministère russe des Affaires étrangères, qui devait déclarer que le monde était divisé en deux : une partie civilisée et « des voyous ». Ayant perdu la « guerre froide », la Russie ne devait pas, selon lui, entrer dans le « club des nations civilisées », dominé par les États-Unis, ni se plier à ses règles.

Ce schéma, toutefois, ne résista pas longtemps et la raison n'en fut pas un changement à la tête des Affaires étrangères. La nouvelle orientation fut provoquée par une contradiction de plus en plus apparente entre la fonction de pays « dirigé » – sous la houlette des États-Unis – et les résultats réels de la « guerre froide ». En Russie, la conviction prévalut que l'arrêt de la « guerre froide » ne signifiait pas la défaite d'une des superpuissances impliquées dans la confrontation, mais la victoire des principes démocratiques sur l'idéologie totalitaire, en premier lieu, bien sûr, dans le camp socialiste. Au bout de quelque temps – ce que, manifestement, les dirigeants occidentaux ne prennent pas en compte autant qu'il le faudrait –, l'euphorie de la victoire de la démocratie retomba un peu en Russie et cela se produisit, d'une part, dans un contexte de défaite des « démocrates » russes sur le terrain économique et social, et, d'autre part, dans le cadre d'une politique américaine, sinon aussi ouvertement hostile à la Russie qu'auparavant, du moins très éloignée d'un partenariat.

Conclusion : la Russie ne s'inscrit pas dans le schéma des pays « dirigés ».

Troisièmement, ce dernier point implique-t-il une tension constante dans les relations entre la Russie et les USA ? Certainement pas, à condition que Washington prenne conscience que les tentatives pour faire de la Russie un allié soumis à la volonté et à la politique américaines sont contre-productives. J'oserai dire qu'aucun dirigeant ne se maintiendra au pouvoir en Russie s'il se situe dans cette perspective.

Cela ne revient pas à nier que les événements du 11 septembre ont incité la Russie à amorcer un rapprochement et un partenariat avec les États-Unis, ainsi qu'à décider de réorienter sa politique étrangère, en rejetant définitivement le principe de « destruction mutuelle assurée » et en envisageant une coopération pleine et entière, là où les intérêts des deux États convergent (avec l'espoir d'élargir encore cet espace de collaboration).

Conclusion : le refus de la Russie d'être un vassal sur la scène internationale n'exclut pas la possibilité d'un rapprochement avec les USA ni l'instauration de relations de partenariat entre les deux États.

Quatrièmement : la tendance au rapprochement avec les États-Unis est-elle durable ? Les experts occidentaux ramènent tout à l'existence ou à l'absence d'une véritable opposition à l'équipe Poutine, de même qu'à sa capacité d'assurer le succès de sa politique et, plus généralement, au rapport de forces à l'intérieur même de la Russie. Cela me paraît devoir découler en grande partie de la politique américaine.

L'intervention des États-Unis en Irak, décidée unilatéralement au mépris des Nations unies, a suscité des réactions tout aussi unilatéralement négatives dans la société russe. Même les médias qui se présentaient jusqu'alors comme pro-américains, pro-occidentaux, ont adopté à cet égard une position critique. C'est là un indicateur sérieux. Des voix se sont même élevées, appelant à prendre des distances vis-à-vis des États-Unis qui avaient refusé la « main tendue » après le 11 septembre. Le plus étonnant est que ces courants n'ont pas vraiment à voir, me semble-t-il, avec la « politique ». Car les nouvelles orientations de la politique extérieure, choisies par Vladimir Poutine après le 11 septembre, ne se distinguent guère, finalement, des précédentes. Tout aurait pu, vraisemblablement, se passer autrement :

– s'il n'y avait pas eu le terrorisme international et l'amorce d'un processus de prolifération nucléaire, menaçant l'humanité ; or, il est de fait impossible de combattre efficacement ce mal sans les États-Unis ;

– si l'on avait eu la certitude que les USA renonçaient définitivement à la politique concertée, visant à stabiliser la situation dans certaines parties du monde ; or, les cercles politiques qui ne sont pas prêts à payer – en vies humaines ou par le départ d'alliés précieux, impliquant à terme un isolement croissant des États-Unis – le prix des décisions unilatérales, sont encore assez puissants ;

– si le monde en était revenu à la « guerre froide » ou que, sans en arriver là, des campagnes anti-américaines aient à nouveau entraîné, sur la scène internationale, une confrontation dont la Russie n'a vraiment pas besoin. Les États européens, l'Union européenne, qui occupent aujourd'hui des positions indépendantes, auraient pu se trouver, alors, précipités dans les bras des Américains, et la Russie associée à d'éventuelles forces destructrices, ce qui eût considérablement amoindri le rôle de notre pays dans le monde ;

– si, enfin, on n'avait pu escompter, avec un pourcentage raisonnable de chances, que le cours objectif du développement mondial corrige les zigzags de la politique américaine.

Un élargissement du partenariat avec les USA n'implique toutefois en rien que la Russie suive servilement les Américains jusque dans leurs erreurs. Au contraire, en développant ses relations avec les États-Unis, la Russie aura d'assez grandes possibilités d'influencer positivement leur politique.

En même temps, après l'intervention américaine en Irak, la Russie doit s'attacher à régler ses problèmes intérieurs les plus délicats, à renforcer sa puissance militaire et, malgré toute l'importance des relations avec les États-Unis, à miser sur une plus grande diversification de sa politique étrangère. Tout cela ne doit pas viser une confrontation avec les USA ; il s'agit simplement de prendre en compte les réalités nouvelles, afin que le monde se voie dans l'obligation de compter un peu plus avec notre pays.

L'opinion s'est largement répandue, ces derniers temps aux USA, que les États ayant montré leur solidarité après les événements du 11 septembre devaient avoir des points de vue et des représentations strictement identiques à ceux des Américains, sur le plan tant stratégique que tactique, y compris pour les questions excédant le cadre immédiat de la lutte antiterroriste. Les USA donnent en outre l'impression de détenir la « Vérité Absolue » dans tous les domaines, cependant que leur partenaires dans la lutte antiterroriste doivent, en quelque sorte, se hisser à leur niveau de compréhension de tel ou tel problème vital.

C'est ce que déclarait sans sourciller, à Moscou, en novembre 2001, au Forum Bergedorf[1], le politologue américain et ancien membre de l'administration US, Mark Medish. Et d'énumérer des « questions de principe à la Russie », appelées, selon lui, à prouver, d'après les réponses qui y seraient faites, que celle-ci était un « authentique partenaire » de l'Occident : les dirigeants et la population de Russie souhaitent-ils adopter les règles, les principes, la philosophie et les valeurs qui fondent des institutions occidentales telles que l'OTAN ou l'Union européenne ? Ou bien la Russie continuera-t-elle de miser sur un rapprochement conditionnel avec elles, en se réservant le droit, dans certaines circonstances, de rejeter les principes communs ?[2] »

Est-il si difficile de comprendre que les « réserves », les points de vue critiques sont légitimes pour tout État indépendant, et que cela n'a rien à voir avec le rejet des « fondements communs » d'une politique en vigueur ?

---

1. Ce Forum est l'un des clubs de discussion les plus connus et les plus prestigieux. Il est dirigé, depuis 1995, par le Chancelier fédéral allemand, Richard von Weizsäcker.

2. *Mejdounarodnaïa jizn (La Vie internationale)*, N° 7, 2002, p. 24.

La volonté russe de jouer un rôle actif sur la scène internationale ne doit pas être interprétée de travers Cette volonté cache la certitude que la politique étrangère russe peut se révéler d'une assez grande utilité pour stabiliser certaines régions du monde, et la Russie y a au moins autant intérêt que les autres. Par ailleurs, un isolement volontaire lui serait fatal, y compris dans le traitement de ses problèmes intérieurs les plus aigus, économiques, sociaux et politiques. Le désir de la Russie de conserver un statut de grande puissance n'a rien à voir avec les ambitions impériales qu'on lui impute souvent.

Conclusion : il n'y a guère de chances que la Russie renonce à sa politique de rapprochement avec les USA, pour des raisons tant objectives que subjectives. Le développement de relations de partenariat entre les deux États dépend essentiellement de Washington.

Cinquièmement : la politique de rapprochement avec les États-Unis exclut-elle la nécessité pour la Russie de poursuivre une politique étrangère diversifiée, de développer ses relations avec l'Union européenne, les États d'Europe, la Chine, l'Inde, le Japon, les pays arabes, l'Amérique latine et l'Afrique ? Certes non, car ce n'est pas contradictoire et les USA ne doivent pas y voir une alternative à la politique menée à leur endroit par la Russie.

POSTFACE

Si les États-Unis décident de s'adapter à la perspective – bien réelle – d'un monde multipolaire, s'ils cessent de partir du principe qu'ils peuvent et doivent apporter, seuls, des solutions aux grandes questions de stabilité et de sécurité, et fixer unilatéralement les règles de conduite des États sur la scène internationale, la Russie peut être pour eux un partenaire loyal.

L'évolution des relations russo-américaines, suite aux événements du 11 septembre, incline à l'optimisme. Un optimisme qui, à la lumière de la guerre en Irak, reste, hélas, modéré.

Table

Un monstre sur la scène internationale

De l'assassinat des monarques
à la terreur de masse 11
Quand le terrorisme prend
son autonomie 15
L'histoire de Ben Laden 25
Une terrible perspective 34

L'agressivité de l'Islam : mythe ou réalité ?

La menace d'une nouvelle
division du monde 47
Les racines du terrorisme ne se trouvent
pas dans le Coran 53
Fondamentalisme et extrémisme :
deux notions à ne pas confondre 62

Le processus de paix au Proche-Orient : une nouvelle approche nécessaire

Le dur chemin de Madrid 71
La double tactique des USA 77
Tentative pour sauver la « formule de Madrid » .. 86
L'incubateur du terrorisme 93
Les impasses de Sharon 103
L'unique chance 116

La guerre antiterroriste des USA

Les décisions unilatérales, alternative
à l'Organisation des Nations unies 127
Le risque calculé de Poutine 141
Bush rendra-t-il la politesse ? 148
Une odeur persistante de pétrole 154
« Conquérir l'Afghanistan,
ça n'est pas du gâteau » 160
Le prochain sur la liste : l'Irak 171

Un ou plusieurs « centres d'influence » ?

La fin des superpuissances 193
L'impact de la mondialisation 197
Contre la réalité objective 201

Des leçons pour tous

Voir la forêt derrière les arbres 211
Les grands problèmes de sécurité 216

La Russie dans le monde

Quelle carte jouent les USA ? 231
Six points pour la Tchétchénie 240
Les conflits aux frontières 254
Pronostics et réflexions 262

POSTFACE 271

Composé par Nord Compo
à Villeneuve-d'Ascq
Impression réalisée sur CAMERON par

BUSSIÈRE CAMEDAN IMPRIMERIES
GROUPE CPI

à Saint-Amand-Montrond (Cher)
en octobre 2003

N° d'édition : 990. N° d'impression : 034988/1.
Dépôt légal : octobre 2003.

Imprimé en France